Pañcakośa,
Somatic Heal & Rehab Yoga

소매틱(신체심리) 치유 & 재활요가

Pañcakośa,
Somatic Heal & Rehab Yoga

소매틱(신체심리) 치유 & 재활요가

육영숙
성신여자대학교

솔과학

요가와 소매틱 교육의 만남

지속되는 코로나 팬데믹으로 심신이 탈진해지기 시작한 이즈음, '신체심리 치유와 재활요가'라는 제목의 책이 나오게 된 것은 무척 기쁘고 다행스러운 일이다. 요즈음 유행처럼 번지는 '홈트'나 유튜브 명상요가 프로그램의 동향으로 볼 때, 신뢰할 만한 이 분야 지침서가 꼭 필요하였기 때문이다. 몸의 움직임을 직접 지도하는 요가전문가는 물론, 다양한 형태의 동영상을 통하여 스스로 요가나 소매틱을 배우는 수련자에게 이 책은 현장에서 크게 기여할 수 있을 것으로 보인다.

육영숙 교수를 만난 것은 5년 전 '몸중심 마음챙김 명상'에 관한 서울불교대학원대학교의 박사논문을 심사하는 과정에서였다. 그때 우리는 논문심사위원으로 만났다. 당시 다른 논문심사위원들과는 달리 육교수와 나는 체육학계 교수들이었다. 스포츠 심리학을 전공하고 요가의 심신수련법에 깊은 이해를 가지고 있던 육교수는 필자가 오랜 시간 연구하고 소개한 소매틱 분야에 깊은 관심을 보였다. 제목에도 나와 있는 신체심리학(Somatic Psychology)은 소매틱스(Somatics)의 핵심 분야 중 하나로, 당시 체육학계의 스포츠 심리학 분야에서는 비교적 생소한 분야였다. 책의 말미에 예시로 보여주는 논문에서와 같이, 육교수는 소매틱과 요가가 운동선수들의 몸을 이완하고 재활에 도움이 된다는 정도의 인식을 넘어, 일반인들의 정서안정에까지 크게 기여하고 있음을 임상적으로 탐구한 분이었다. 그럼에도 국내에서는 요가나 기타 마음챙김 수련에서 일어나는 신체심리학적 메커니즘이 제대로 소개된 적이 없어 안타까워하던 차에 필자를 만난 것이다.

사실 2007년 필자가 번역한 "몸으로 떠나는 여행(Getting our bodies back)"은 공식적으로 국내에 소개된 신체심리학 분야 최초의 책이었다. 이 분야의 책을 번역한 것은 체육학계에 몸 중심 소매틱 접근의 필요성을 알리려는 의도였지만, 정작 이 책은 스트레스나 트라우마로 중독의 아픔을 겪는 사람에 대한 연구를 집중적으로 하던 심리학계와 심신치유학계 전문가들의 관심을 모았다. 당시 필자는 몸심리학이라는 표현을 써서 이 분야를 소개했는데 그 이유는 순수한 우리말인 '몸'이 가지고 있는 생명성을 강조하기 위함이었다. Thomas Hanna라는 미국철학자의 소매틱스(Somatics)를 우리나라에 소개함에 있어 같은 이유로 그것을 '몸학'이라고 번역했기 때문이기도 하다.

아무튼 필자는 오래전 미국에서 체육학 분야의 석박사학위를 받았지만, 체육학 전문분야가 미국식 학제방식을 따르는 것에 문제를 제기하던 사람이었다. 대학원 과정으로 가면 실기와 실습이 실종되고 타 학문에 편입되는 당시 미국식 편제는 '진정한 체육학'의 발전에 걸림돌이 된다고 보았다. 작금의 석박사과정 체육학도 여전히 신체활동에 '대한' 체육이 지배적이고, 신체활동을 '통한' 체육학은 소수의 연구에 국한되어 있다. 몸과 신체활동에 '대한' 다양한 지식은 상당히 축적되었지만 그것은 체육학 분야가 아닌 의학이나 심리학 등 다른 분야에서도 얼마든지 연구될 수 있는 부분이었다. 하여 '진정한 체육학'은 신체활동을 '통한' 교육이 되어야만 한다는 것이 필자의 주장이었다. 그 '진정한 체육학'이 바로 여기서 말하는 실기 또는 신체중심 접근이다. 그것이 바로 다름 아닌 소매틱 접근인 것이다. 사실 체육이나 스포츠는 다른 실기 분야와 마찬가지로 실기와 실습이 없으면 존재 이유를 찾기 어렵다.

실기기반 학문 소매틱스는 미국인 Hanna 교수 등에 의해서 체계화되었지만 그 기원을 구태여 찾자면 요가와 같은 동양의 운동학습 방법과 연관되어 있다. 요가를 몸학적으로 연구하다보면 신체 중심 접근의 비밀이 풀릴 수 있기 때문이다. 다만 그 신체중심적 접근을 구체적으로 '어떻게' 해야 하는지에 대한 이론적 토대가 형성되어 있지 않은 부분이 문제였다. Thomas Hanna가 소매틱스라는 실천 중심 학문에 대해 연구할 무렵 만난 사람이 바로 요가를 가르치던 Eleanor Criswell이었던 것도 우연으로 보기 어렵다. 1974년 Eleanor와 결혼한 Hanna는 그녀의 도움으로 이러한 실기기반 학문을 나름 완성할 수 있었으리라 생각된다. 1989년에 신경심리학자이기도 했던

Criswell 교수는 소매틱 요가(Somatic Yoga)라는 저서를 통해 요가의 소매틱 접근과 그 과학적 기전을 자세히 소개한 바 있다. 그 후 소매틱 기반의 요가는 세계 여러 나라에 알려지며 심신 치유 분야에서도 그 위력을 발휘하게 된 것이다.

이렇게 요가와 소매틱의 만남이 '운명적'인 만큼 이 책 '신체심리치유와 재활요가'가 가지는 의의도 특별하게 생각해 볼 수 있다. 이 점에서 체육학계의 스포츠심리학 분야에서 활동하면서 요가를 깊이 연구한 육교수가 본인의 KSI(Korea Somatics Institute) 소매틱 아카데미 2기 과정에 들어와 신체 중심 접근인 소매틱 교육(somatic exercises™)과 심화과정을 이수한 것은 다행한 일이었다. 육교수는 이 과정에서 신체 중심 접근의 효과를 몸소 체험하면서 그 열매를 학생들과 일반인들에게 이것을 꼭 소개하고 싶을 만큼 강렬한 열정의 소유자이며 실천가였다. 체육은 누구나 공감하다시피 책으로 끝날 수 있는 분야가 아니다. 하여 육교수가 이 책에 소개하고 있는 소매틱 실습 과정은 Thomas Hanna와 Eleanor Criswell에 의해 개발되고 검증된 것으로 요가나 소매틱을 공부하는 모든 사람에게 큰 선물이 될 것을 확신한다.

2021년 8월 17일

김 정 명

서울과학종합대학원(aSSIST) 석좌교수

명지대학교 스포츠학부 명예교수

KSI(somaticskorea.com) 대표

국제공인 Hanna Somatics 전문가

머리말

경추의 2, 3번과 5, 6번 디스크 통증으로 여러 병원치료를 다니며 시름을 앓던 2005년 봄, 요가철학자 이태영 박사님께 몸 수련을 시작하면서부터 목 디스크 통증으로 인한 비명이 사라졌다. 물구나무 서기를 완성해가면서 목 디스크 통증의 두려움으로부터 자유로와지는 몸과 마음의 변화를, 그리고 무엇보다도 쿤다리니 요가를 통해 잃었던 에너지를 되찾기 시작했다. 요가 수행에 있어 프라나야마(호흡)과 명상을 강조하셨던 이태영 박사님께 요가를 사사받던 시간에 문득 문득 과제가 떠오르곤 하였다.

31살에 일찍이 박사학위를 받았으나 좌절과 상실로 학위와 전혀 다른 길을 걷고 있던 당시 나의 몸에 장기간 누적된 신체심리적 스트레스, 장시간의 컴퓨터 작업으로 경추 디스크질환, 경견완증후군, 손목터널증후군 그리고 갑상선 결정선종을 앓고 있었는데, 내가 겪고 있는 근골격계 통증과 정신적 스트레스는 현대인 누구나가 겪을 수 있는 삶의 "苦" 가운데 하나일 텐데, 스포츠심리학과 요가를 전공한 나는 무엇을 도울 수 있을까?

요가를 통한 신체-심리적 혹은 전일체적 효과는 무엇이며, 아사나의 효과인지, 아니면 호흡의 효과인지, 혹은 이 두 가지의 수련과 체현화에 따른 따른 결과물인지 궁금함으로 연구를 시작하던 차에 호흡과 명상에 더욱 관심을 갖게 되어 2008년 한국명상학회에서 마음챙김 명상 기법을 수련하면서 마음챙김을 기반으로 한 요가의 융합 연구가 시작되었다.

2009년, 요가 및 호흡명상 참여 효과에 관한 질적 분석(한국스포츠심리학회지, 20(3))을 시작으로, 비행청소년의 정서 및 심리적 안녕감을 위한 심신치유 복합 프로그램 적용 연구(한국체육학회지, 49(2), 2011년 기초연구 우수성과 한국연구재단 선정, 한국과학기술부장관 인증패 수상, 2011.9.22), 감정을 표현하는 요가 프로그램이 여대생의 정서지능 및 자아탄력성에 미치는 효과(한국스포츠심리학회지, 21(4), 한국스포츠심리학회 우수논문상 수상, 2012.2), 그 외 지역사회 내 우울환자, 유방암 수술 후 생존자, 소방공무원, 중증장애환자 간병가족, 청소년, 교원 그리고 쇼트트랙 스피드 스케이트·기계체조·컬링 등 운동선수와 부상선수의 재활과정 중재 등 소외계층에서 일반인과 스포츠선수에 이르기까지 다양한 대상으로 스포츠심리학, 요가와 마음챙김 복합 프로그램을 적용하여 신체-심리적 치유 및 재활효과를 검증하고자 노력해왔다.

그 과정에 다양한 계층의 대상자분들께서 소소하지만 크고 작은 신체적 변화와 함께 심리적인 긍정의 변화, 자신을 향상 돌봄과 수용과 관점의 변화들을 경험할 때마다 큰 감사와 기쁨의 순간들이었고, 요가와 마음챙김 기법이 신체-심리적 치유 및 재활에 중요한 하나의 도구가 된다는 확신과 보람을 쌓아왔다. 그런데 사실 연구 진행장면에서 순간의 알아차림, 깨달음 … 자신 내면과의 깊은 만남과 치유, 변화, 성장하는 감사한 선물의 시간이었음을 고백한다.

그리고 그동안 학문적 지식과 영감을 주셨던 여러 은사님께, 불모지인 신체심리학분야에서 앞서 연구하신 학문적 선배님께, 그리고 그리고 토마스 하나의 "부드러운 움직임의 길을 찾아" 소매틱 운동(SE: Somatic Exercise)으로 안내 해 주신 김정명 교수님께도 심심한 감사를 드리며, 판차코샤를 통해 본, 소매틱 치유 & 재활요가가 출판되기까지 여러 학문적 인연의 과정이 있었음을 자각해본다.

현대의 인류가 경험해보지 못한 COVID-19 지금 우리의 몸과 마음은 안녕한가? 특히 신체활동 제한과 컴퓨터 앞에 매달린 채 매일의 일상을 이 년째 보내고 있는 성장기 아동청소년기, 청장년기 층의 몸과 마음은 향후 어떻게 발현될 것인가? COVID-19 팬데믹이 조속히 종식되기를 기원해 보면서 여러분야의 전문가와 요가, 소매틱스 등 신체-심리전문가가 적극 도울 수 있는 일을 찾아야 한다고 본다.

따라서 신체활동 및 운동부족, 반복적 자세패턴에 따른 근 골격계의 긴장과 불균형, 동시에 몸에 누적되어가고 있는 심리적 스트레스, 불안과 우울감에 노출되어 있는 현대인의 심-신(Soma)의 치유와 재활을 돕기 위해 남녀노소 누구나 따라 할 수 있는 쉬운 요가동작과 소매틱엑서싸이즈 그리고 호흡법으로 구성되어 있는 본 교재는 가정에서, 직장에서 어디에서든 동작을 선택하여 부분적으로 따라할 수 있도록 구성하였다.

인간의 다차원적 존재를 요가의 Pancakośa를 통해 5가지의 층으로 인문·철학적 존재(Humanities and Philosophical Beings)로 바라보고, 또한 몸의 가장 작은 단위인 세포 집합체로, 근육, 뼈, 신경, 혈관을 둘러싸고 있는 그물망인 근막, 심부전방선을 통해 물리학적 존재(Physical Existence)로 이해해 보면서 판차코샤 5개의 층, 몸, 호흡, 마음, 정신, 영혼의 치유와 재활에 대하여 요가, 소매틱엑서사이즈, 여러 호흡법 등을 제시해 보았다.

본 판차코샤를 통해 본 신체심리 치유 & 재활요가(Somatic Heal & Rehab Yoga) 교본을 통해 자신-돌보기, 몸과 마음의 평온과 치유를 체현화하는데 기여할 수 있기를, 나아가 요가, 소매틱스 등 움직임을 통한 치유와 재활을 추구하는 전문가께 기술적 파트와 영감을 드렸으면 하는 소망을 해본다.

마음을 담고 있는 질그릇, 소마(몸).
부드럽게·친절하게·관대하게 바라봅니다.
흙을 딛고 세상을 향해 지향해 갈 수 있는 위대하고 신비로운 소마(몸).
이 세상에 한 생명체로 탄생시켜주신 부모님, 조부모님.. 그리고 창조주께 깊은 감사를 드립니다.

이 세상에 살아있는 모든 생명체가 안전하고 평온하기를.

2021.8.15.

성신여대 수정돈암캠퍼스에서 **육 영 숙**

차 례

제1장 인간의 몸·마음 이해

1. 요가의 인간관 : 판차코샤 _17
2. 근막과 신체심리 _20
3. 스트레스에 따른 근육반사, 빨간등반사 _29

제2장 몸 치유·재활 : 안나마야 코샤를 위한 요가

1. 몸을 알아가기 _37
2. 개별수련에 맞는 요가 아사나(자세) 선택 _41
3. 요가 자세를 어떻게 적용할 것인가? _42
4. 자세에서 어떻게 호흡할 것인가? _43
5. 자세를 어떻게 조합할 것인가? _43
6. 몸 치유·재활을 위한 요가 프로그램 _44
   1) Tadasana(타다사나) _44
   2) Parsvottanasana(파르스바타나사나) _45
   3) Uttita Trikonasana(웃띠따 트리코사사나) _46
   4) Uttanasana / Padahastasana(웃따나사나 / 빠다하스타사나) _48
   5) Adho Mukha Svanasana(아도무카 스바나사나) _50
   6) Dvipada Pitham(드위 파 다 삐땀) _51
   7) Urdva Prasrta Padasana(우르드바 프라사르타 파다사나) _52
   8) Sarvangasana(사르방가사나) _53
   9) Bhujangasana(부장가사나) _54
   10) Dhanurasana(다누라사나) _55
   11) Apanasana(아파나사나) _56
   12) Pascimatanasana(파스치맛타나사나) _57
   13) Ardha Matsyendrasana(아르다 마첸드라사나) _58
   14) Savasana(사바사나) _59

CONTENTS

제3장 호흡 치유·재활 : 쁘라나마야 코샤를 위한 요가

1. 가슴과 복부를 확장시키는 자세 _64
   1) 도구를 이용한 후굴 _64
   2) Crescent Moon(반달자세) _64
   3) Jathara Parvrtti(복부허리비틀기) _65
   4) Savasana(휴식자세) _66

2. 소매틱 운동 _67
   1) Arch & Flatten(아치 & 플래튼) _69
   2) Arch & Curl(아치 & 컬) _71
   3) Back Lift(백 리프트) _73
   4) Diagonal Arch & Curl(사선 아치 & 컬) _76
   5) Side Bend(측굴) 허리근육 _78
   6) The Washrag(온몸 비틀기) _80
   7) Inversion and Eversion of the Feet(고관절과 발목, 내번 외번) _82
   8) The Flower(꽃 개화) _84
   9) Sking(스키타기) _86
   10) Waking Lessions(워킹 레슨) _88
   11) The Shrug(어깨풀기) 기초 _90
   12) The Trapezius & Levator scapula(승모근 & 견갑거근, 어깨이완) _92
   13) Pump Breathing(펌프호흡) _95
   14) Eye Relaxation(눈 이완, 휴식) _98
   15) Reach Up to the Top Shelf(높은 선반까지 뻗어보기) _100

3. 요가 호흡법 _102
   1) Nadi Sodhana(나디 정화호흡) _102
   2) Cooling Pranayama(냉 호흡, 冷 呼吸) _103
   3) Heating Pranayama(열 호흡, 熱 呼吸) _105

4) Bhramari Pranayama(꿀벌 호흡) _106
5) Shanmukhi Mudra(샨무키 무드라) _106

제4장 마음 치유·재활 : 마노마야 코샤를 위한 요가
1. Restorative Yoga(레스토러티브 요가)의 특징 _111
2. Restorative Yoga(레스토러티브 요가) 자세 _111
3. 마음재활을 위한 레스토러티브 요가 프로그램 _118
4. Restorative Yoga(레스토러티브 요가)를 위한 도구 _119

제5장 정신 치유·재활 : 비즈나마야 코샤와 아난다마야 코샤를 위한 요가
1. Yoga Nidra(요가 니드라) _125
2. Mantra Meditation(만트라 명상) _133
3. Mantra와 함께 하는 Nyasa(니야사) _134
4. Pranayama Meditation(호흡명상) _135

제 1 장

인간의 몸·마음(Psychosomatic) 이해

1. 요가의 인간관 : 판차코샤
2. 근막과 신체심리
3. 스트레스에 따른 근육반사, 빨간등반사

제1장 인간의 몸·마음(Psychosomatic) 이해

1. 요가의 인간관 : 판차코샤(Pañcakośa)

인간의 몸과 마음을 이해하기 위해 먼저 요가의 관점에서 판챠코사를 통해 바라보고자 한다.

요가 철학에서는 인간을 다차원적 존재로 분류하고 음, 영혼 전체를 통합적으로 보고 있는데, 인간의 몸을 다섯 가지의 몸 혹은 다섯 가지의 층으로 구성되어 서로 상호작용한다고 본다. 이 다섯 층은 경험하는 의식 상태로는 거친체(Gross Body)상태, 정묘체(Subtle Body)상태, 원인체(Causal Body)상태로 볼 수 있다. 그러나 다섯 개의 덮개로 이루어졌다고 하는 판차코샤(Panca Kosha)의 개념으로 넓게 받아들여 보면, 인간이라는 존재는 5개의 덮개 또는 껍질로 둘러싸여있고 진정한 자신은 그 덮개에 둘러싸여있다는 것이다. 이 관점에서 보면 인간은 물질에서부터 신성에 이르기까지 다양한 덮개를 가지고 있는 존재라는 것이다. 이 다섯 가지 층은 안나마야 코샤(annamaya kosha), 프라나마야 코샤(pranayama kosha), 마노마야 코샤(manomaya kosha), 비즈나나마야 코샤(vijnanamaya kosha), 아난다마야 코샤(anandamaya kosha)이고 이 다섯 가지 층 너머에 참나(atman)가 있다고 한다. 이 판차 코샤는 고대 우파니샤드인 '타이트리야 우파니샤드(Taittiriya Upanisad)'[1]에 언급되어 있다.

---

1) 타이트리야 우파니샤드(Taittiriya Upanisad)에는 몸에 대한 세분화 된 개념을 설명하고 있다.(2장2편~2장5편)
"그 음식으로 이루어진 것(육신) 안에 숨으로 이루어진 아뜨만이 있으니 숨으로 이루어진 육신이 음식으로 이루어진 육신을 채우고 있도다. 또한 음식으로 이루어진 육신이 사람의 형상을 한 것처럼 이 숨으로 이루어진 육신도 사람의 모양을 하고 있도다." (2장 2편) "음식으로 이루어진 육신 안에는 숨으로 이루어진 아뜨만이 들어있고 그 숨으로 이루어진 육신을 채우고 있는 것은 또 다른 마음으로 이루어진 것(육신)이다. " (2장 3편) " 숨으로 이루어진 육신 안에는 이 마음으로 이루어진 아뜨만이 들어 있으며 이 마음으로 이루어진 육신을 채우고 있는 것은 또 다른 지성으로 이루어진 것 (육신)이다." (2장 4편) "마음으로 이루어진 육신 안에는 이 지성으로 이루어진 아뜨만이 들어 있으며 이 지성으로 이루어진 육신을 채우고 있는 것은 또 다른 희열로 이루어진 것(육신)이다. 이 희열이 지성의 육신을 채우고 있으니 희열의 육신도 지성의 육신이 사람의 형상을 하고 있는 것처럼 사람의 모습을 하고 있다." (2장 5편) 출처: 김량희(2009). "인도철학에 내재된 신체개념의 체육 철학적 탐구", 전남대학교대학원 박사학위논문, p70~p71.

1) 안나마야 코샤(Annamaya Kosha)

음식 즉 물질로 이루어진 층이라는 뜻으로 육체적 몸을 말한다. 요가철학에서는 브라흐마라고 불리는 진정한 자신이 자신을 세속적 존재의 모습으로 드러낼 때 취하는 가장 거칠고 낮은 형태의 물질세계를 '안나마야 코샤'로 본다. 뼈, 근육, 피 등과 같이 만질 수 있고 볼 수 있는 몸이기 때문에 일반적으로 불리는 몸에 해당된다. 이 안나마야 코샤의 불균형은 육체적 차원의 통증에 직접적인 영향을 주며 이의 관리를 위해서는 식이요법, 운동 등이 필요하다. 인스턴트 가공음식이 아닌 신선한 제철음식을 체질에 맞게 잘 선택해 적절한 조리 후 섭취하는 것이 필요하며, 특히 신체활동이 절대적으로 부족한 현대인은 다양한 운동을 무리되지 않는 선에서 꾸준히 하는 수의적 운동요법 및 마사지와 같은 관리가 필요하며 요가의 행법 중에서는 요가의 아사나(자세)가 이 층의 관리에 도움이 된다. 고대 요가에 비해 현대 요가는 이 층의 관리에 더욱 집중해 변화 발전해 왔으며 이는 신체 외형적인 면을 중시하는 현대사회의 변화된 특성을 고려했을 때 당연한 일로 여겨진다. 뿐만 아니라 건강하고 아름다운 몸매관리를 위한 다이어트, 근육이나 관절의 불균형이나 질환을 완화시키고 기능을 개선시키는 요가자세가 여기에 해당이 된다.

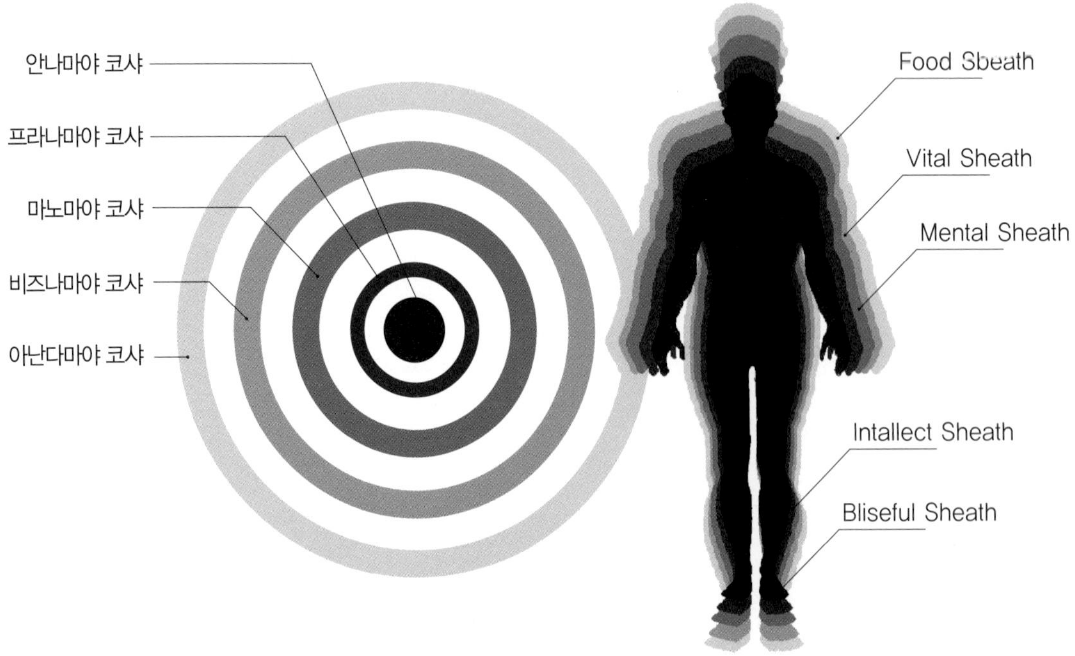

〈그림 1〉 판차코샤

2) 프라나마야 코샤(Pranamaya Kosha)

프라나로 이루어진 층이라는 뜻으로, 여기에서 프라나는 에너지, 생명력, 호흡으로 이해될 수 있다. 안나마야 코샤에 비교해보면 오감으로 경험할 수 없고 느낌으로 느낄 수 있는 층이다. 프라나는 육체와 마음의 중간에 위치한 것으로 이 둘을 연결시켜주는 역할을 한다. 느껴지는 몸이기 때문에 '미세한 몸'으로 분류된다. 3자적 몸이 아닌 1자적 몸이기 때문에 주관적인 몸이며 호흡계, 순환계, 소화계, 내분비계, 배설계, 생식계를 포함한다. 신진대사를 관장하고 있기 때문에 에너지적 몸인 소마(Soma)를 관리하는 소마요법과 다양한 호흡조절 방법이 이 층을 관리하는 데 도움이 된다고 본다. 이에 호흡과 관련된 몸 부위의 근육을 수축, 신전과 이완함으로써 몸의 중심 자각을 높이고, 횡격막 중심으로 가슴과 복부를 다루는 여러 자세와 에너지 중심인 소마(Soma)요가를 수련방법과 요가 호흡법을 안내하고자 한다.

3) 마노마야 코샤(Manomaya Kosha)

마노(Mano)는 마음, 코샤(Kosha)는 덮개(껍질, 층)라는 뜻을 가지고 있기 때문에 마음으로 이루어진 층을 말한다. 이때 마음은 의식할 수 있는 겉마음을 말하는 것으로 의식적인 작동이 일어나는 부분이다. 이는 인식, 느낌, 동기 부여의 기능에 영향을 준다. 일반적으로 인지할 수 있는 마음이며 감각을 통해 들어오는 인상을 받아들이고 정신적 연상 및 기억, 행동을 통합하는 능력을 자아에게 제공하는 역할을 한다. 자신의 마음을 알려면 마음과 접촉해야 하고, 마음과 접촉하려면 몸과 마음의 이완이 선행되어야 하기 때문에 이완휴식 요가(Restorative Yoga)와 같은 이완법이 도움이 된다고 보고 이를 소개하고자 한다.

4) 비즈나마야 코샤(Vijnamaya Kosha)

일반적인 마음보다 높은 인식 기능인 '지성으로 이루어진 층'이라는 뜻으로, 일상적인 생각이나 판단, 평가보다는 높은 차원의 지혜와 분별, 직관과 창의성이 일어나는 부분이다. 일반적인 지식이나 상식과 관련없이 섬광처럼 떠오르는 통찰이나 지혜의 층으로 의식적 마음보다 더 내면적인 잠재의식과 무의식에 해당된다. 주관적 경험에서 나온 추론과 판단의 과정에 영향을 미친다. 기본적으로 이 층이 발달된 경우도 있지만 수련의 차원에서 보면 명상이 이 층의 계발에 도움이 된다. 집중명상이나 통찰명상 모두 이 비즈나마야 코샤에 영향을 미치지만 본 문헌에서는 감각의 내향화(프라티야하라; Pratyahara)를 통해 이 층의 계발에 도움이 된다고 여기며 이의 대표적인 수련법인 '요가 니드라'를 소개하고자 한다.

5) 아난다마야 코샤(Anandamaya Kosha)

아난다라는 지복(至福), 환희(歡喜)로 이루어진 층이라는 뜻으로, 존재의 가장 깊은 차원에 있는 껍질을 말한다. 이 층에서는 모든 생각과 인상(印象)이 사라져 감각적인 즐거움을 뛰어넘는 깊은 평화와 기쁨을 경험하게 된다. 감각적인 즐거움은 유한하고 상대적인 것임에 반해 '아난다'의 상태는 무한하고 절대적인 즐거움으로 잔잔하고 고요하다. 깊은 명상을 통한 삼매(三昧; Samadhi)가 이 층의 계발에 도움이 되며, 본 문헌에서는 일반인이 수련할 수 있는 만트라(Mantra)명상과 호흡명상을 제시하고자 한다.

2. 근막과 신체심리(Somatic Psychology)

몸에 새겨진 기억, 이 문장이야말로 신체심리(Somatic Psychology)를 표현하는 가장 적절한 단어라 할 수 있다. 여기서 몸이란 더 정확히 가장 작은 단위로 볼때 '세포의 집합체'로 정의 될수 있다. '세포'로 정의될 수 있다. 흔히 생물학에서 세포는 거의 모든 생물의 기능적, 구조적 단위라 설명되며, 세포의 구조에는 일반적으로 세포핵, 미토콘드리아, 리소좀, 골지체, 세포막과 같은 구소들이 존재한다.

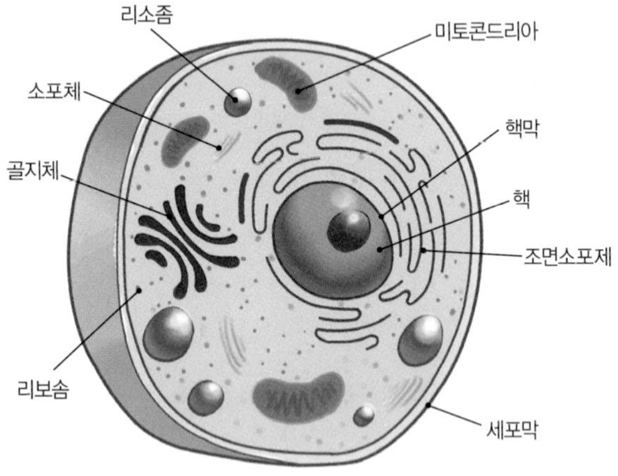

〈그림 2〉 세포구조

이 중 신체심리에 있어 세포의 가장 중요한 구조는 세포막이라 할 수 있다. 세포막의 기능은 무수히 많지만 그 중 무엇보다 중요한 것은 세포 내부 구성물들이 흩어지는 것을 막고 형태를 유지하는 것이다. 그리고 막의 크기를 조절함으로써 세포의 크기를 조절하여 목적지에 도달하기 위해 부풀고 팽창하며 나아간다.

그리고 목적지에 도달하고 나면 다시 원래의 자리로 돌아오기 위해 줄어들고, 수축한다. 즉 세포의 목적을 이루기 위해 세상을 향해 나아가다가 다시 자기에게로 돌아오는 끊임없는 순환이 반복된다(Keleman, 1986). 이러한 관점에서 세포를 본다면 더 이상 세포는 생물학적(biological)인 cell이라기보다는 신체심리(somatic psychology)적인 soma에 가깝게 된다.

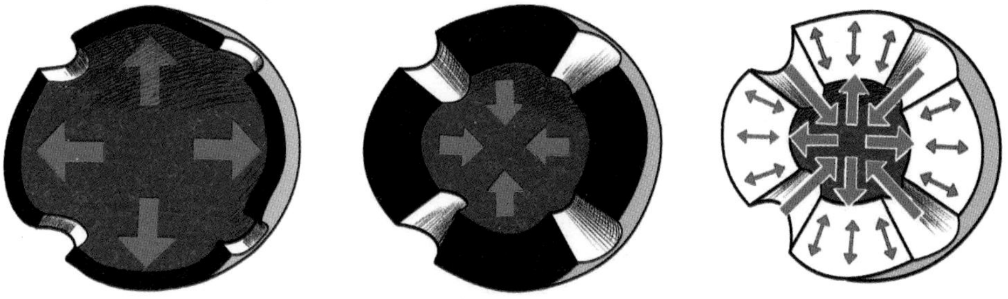

〈그림 3〉 세포막의 팽창과 수축[2)]

"모든 soma는 환경과 소통하는 막을 형성하고 막의 밖으로부터 에너지를 얻어 생명을 유지한다. … 생명체의 세포는 막을 통하여 내면의 안정을 유지함과 동시에 열린 상태에서 주위 환경과 활발히 화학작용을 교환하는 복잡한 시스템이다. … 세포막의 다양한 역할은 생명의 유지, 존속은 물론 진화과정에 핵심기능으로 작용한다."[3)]

이러한 하나의 세포는 여러 세포로 발달하게 된다. 배아의 초기 발달에 있어서 세포는 외부 층(외배엽), 내부 층(내배엽), 중간 층(중배엽) 세 개의 층으로 나뉘게 된다. 그 중 외부 층은 피부와 신경으로 발달되며 정보전달의 기능을 하고, 내부 층은 장기와 내장으로 발달되며 영양분과 에너지를 생성한다. 그리고 중간 층은 근육과 결합조직으로 발달 되어, 지지 기능과 움직임을 제공하게 된다.

이러한 세포의 발달과 분화에 있어서 이 책에서 다루고자 하는 것은 바로 중배엽에서 만들어지는 결합조직(connective tissue), 즉 근막(myofascia)이다. 근막은 단어와는 다르게 단순히 근육을 싸고 있는 막만을 의미하는 것은 아니다. 근막은 근육을 포

---

2) Stanley Keleman. 『감정해부학[Emotional Anatomy]』, 장지숙, 최광석 역, 서울: 군자출판사(2018). p.6. 참조 재구성.

3) 김정명, 예술지성: 소마의 논리, 서울: 명지대학교출판부(2016).

함해 뼈, 신경, 혈관을 둘러싸고 있는 그물망으로 심지어 내부장기도 모두 둘러싸고 있다. 때문에 움직임을 통해 근육을 조절하면 근막의 변화를 유도하게 되고 이는 결국 내부 장기를 조절할 수 있게 된다. 내부 장기를 조절한다는 것은 사실 전통적인 의학이나 과학적 사실로는 인정되기 어려운 부분이었다. 근막에 대한 연구가 진전되기 전에는 내부 장기는 자율신경계(autonomic nerve system)에 의해 무의식적으로 조절될 뿐이라는 것이 정설이였다. 하지만 근막에 대한 연구가 진전됨에 따라 우리가 흔히 움직임과 호흡으로 자율신경을 조절할 수 있다는 옛 전통적 수련들(요가, 명상, 태극권, 기공 등등)에 대한 가치가 과학적으로도 증명되고 있다.

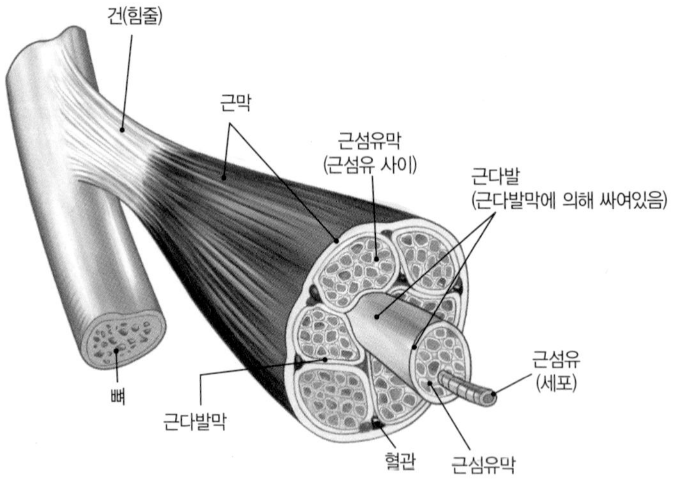

〈그림 4〉 근막[4)]

그 근거 중 하나로 근막에는 신체의 위치나 운동감각을 전달하는 고유수용성감각(proprioception) 신경과 뜨겁고, 차갑고, 배고프고, 갈증나고, 가렵고 하는 감각을 전달하는 내수용성감각(interoception) 신경이 매우 많이 분포한다는 사실이다. 내수용감각은 몸속의 상태에 대한 인식, 즉 신체의 내부 신호에 대해 인식하는 것이다. 인간의 행복감이나 동기부여, 정체성 등의 복잡한 사고를 위한 기초적인 감각이 바로 내수용감각인 것이다.

4) 근막이미지 재구성 출처
: https://search.daum.net/search?w=img&DA=IIM&q=%EA%B7%BC%EB%A7%89&docid=33eDUMCnd_r0rqqOV_

신체의 위치나 움직임에 대한 정보를 전달하는 고유수용성감각과 감정의 기초가 되는 감각들을 전달하는 내수용성감각은 척수를 타고 뇌로 올라가 뇌의 섬엽(Insular)이라는 곳에서 만난다. 이 부위는 자기-인지와 감정을 조절하는 부위로써 신체심리와 관련해 매우 중요하게 연구되고 있다. 섬엽의 문제로 인해 고유수용성감각 또는 내수용감각에 대한 정보가 왜곡되어 전달되면 다양한 정신 및 신체장애와 감정적 장애를 일으킨다. 우리가 흔히 겪고 있는 우울증과 불안, 거식증과 같은 식이장애는 내수용감각의 중대한 변화를 수반한다고 보고되고 있다(Pau-lus & Stein 2010).

따라서 몸-세포 집합체의 주체자로서 스스로 수의적이고 능동적인 움직임을 가운데, 온 몸을 감싸고 있는 근막을 통해서, 근육·피부·관절·건 등에서의 고유수용 감각을 통해서, 여러 장기에서의 내 수용감각을 통해 상향(Button up) 방식으로 뇌에 전달되는 신경반응, 감각, 느낌들을 인지함으로써 현재 '지금- 여기(Here-Now)'에서 온전하게 살아있는 '생명체'로, '경험체'로 체현화(Embodiment)하며 자각해 갈 때 새로운 몸의 기억과 감정을 덮어가며 재 구성해가고 있다고 본다. 이는 수의적, 능동적 움직임이 인간의 물리적 존재(Physical Existence)뿐 아니라, 고유한 자기(Self)를 인식해 가고, 신체적 자기개념(Physical Self-Conception)을 형성해가는 과정(Process)인 것이다. 즉 이러한 경험을 인식해가는 순간순간, '있는 그대로'의 '몸의 존재감'을 수용하고, 자신의 몸의 안전함을 인식해 갈 때 '기꺼이 그럼에도 불구하고' 심리적 존재감(Psychologycal Being)을 몸을 통해 회복해갈 수 있을 뿐 아니라 심지어 자아존중감(Self Esteem)을 형성해 가는 매우 소중한 경험의 순간이라고 본다.

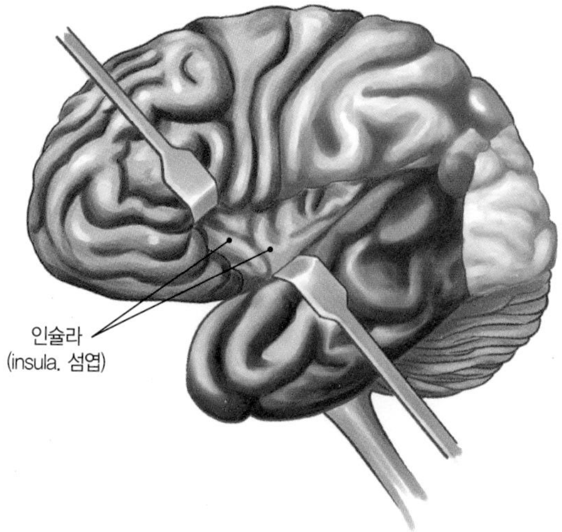

〈그림 5〉 몸과 마음을 연결하는 섬엽(insula)[5]

우리는 간단하게 내수용감각 검사를 해볼 수 있다. 신체 내부 감각 능력에 대한 간단하고 신뢰할 수 있는 이 테스트는 신경 과학자인 휴 크리클리(Hugh Critchley)에 의해 개발되었다. 이 검사는 심장박동을 측정하는 것인데, 심장박동을 정확하게 측정하

5) 섬엽 이미지 재구성 출처: Insular cortex - Wikipedia - https://en.m.wikipedia.org/wiki/Insular_cortex

는 대상자는 다른 내수용감각 능력검사에서도 높은 점수를 받았다는 사실을 발견했다(Critchley, 2004; Lesondak, 2019).

자, 다 같이 아래의 순서에 맞춰 따라해 보자. 준비물은 타이머만 있으면 된다.

- 타이머를 1분에 맞춘다.
- 편안한 자세로 앉고 심호흡을 한다.
- 타이머를 작동시키고, 내 몸에서 느껴지는 1분 동안의 심장 박동수를 재 보아라. 그리고 그 숫자를 기입해라.
- 이제 같은 과정을 손목이나 목에서 맥박을 재면서 해본다. 한번 수행 후 2분 정도를 쉬었다가 다시 맥박수를 재어본다. 그리고 2번의 평균을 낸다.
- 그 두가지 결과에 대한 차이를 내보아라. 만약 몸에서 느껴진 심장 박동수가 60이었고 맥박을 재어본 횟수의 평균이 80이었다면, 차이는 20이다.
- 그 숫자 20을 평균 80으로 나누어 보아라. 그럼 그 결과는 0.25이다.
- 그리고 그 숫자를 1로부터 빼 보아라. 여기서 답은 0.75일 것이다(1−0.25)

0.80 이상 = 아주 좋은 신체 내부감각 능력

0.60−0.79 = 중간 정도의 능력

0.59 이하 = 매우 부족한 또는 낮은 능력

혹시 검사 결과가 0.59 이하가 나온 분이 있다면 너무 걱정하지 말라. 내수용감각은 향상 가능하다. 그것은 바로 신체활동을 통한 것이다. 그 중에서도 옛 수련법들 중 하나인 요가는 내수용감각을 향상시키는 데 있어서 가장 효과적인 훈련이다. 요가는 무엇보다 호흡을 매우 중요하게 여긴다. 호흡에 있어서 가장 중요시되는 근막은 심부전방선(deep front line: DFL)이다. DFL은 토마스 마이어의 근막경선해부학(anatomy train)에 등장하는 근막경선으로써 인체에서 가장 심부에 있는 근육들을 연결하고 내부 장기와도 직접적으로 연결되어 있다(Myers, 2014). 즉 근골격계와 내장기 사이의 접점이기 때문에 내수용감각 향상에 있어 그 중요성이 강조된다. DFL은 내수용감각이 많이 분포된 내부 장기들을 연결하고 있으며 우리의 감정적인 상태와 밀접하게 연관된다. 그리고 DFL 중 호흡과 내부 장기들과 가장 관련이 깊은 근육은 바로 횡격막(diaphragm)이다.

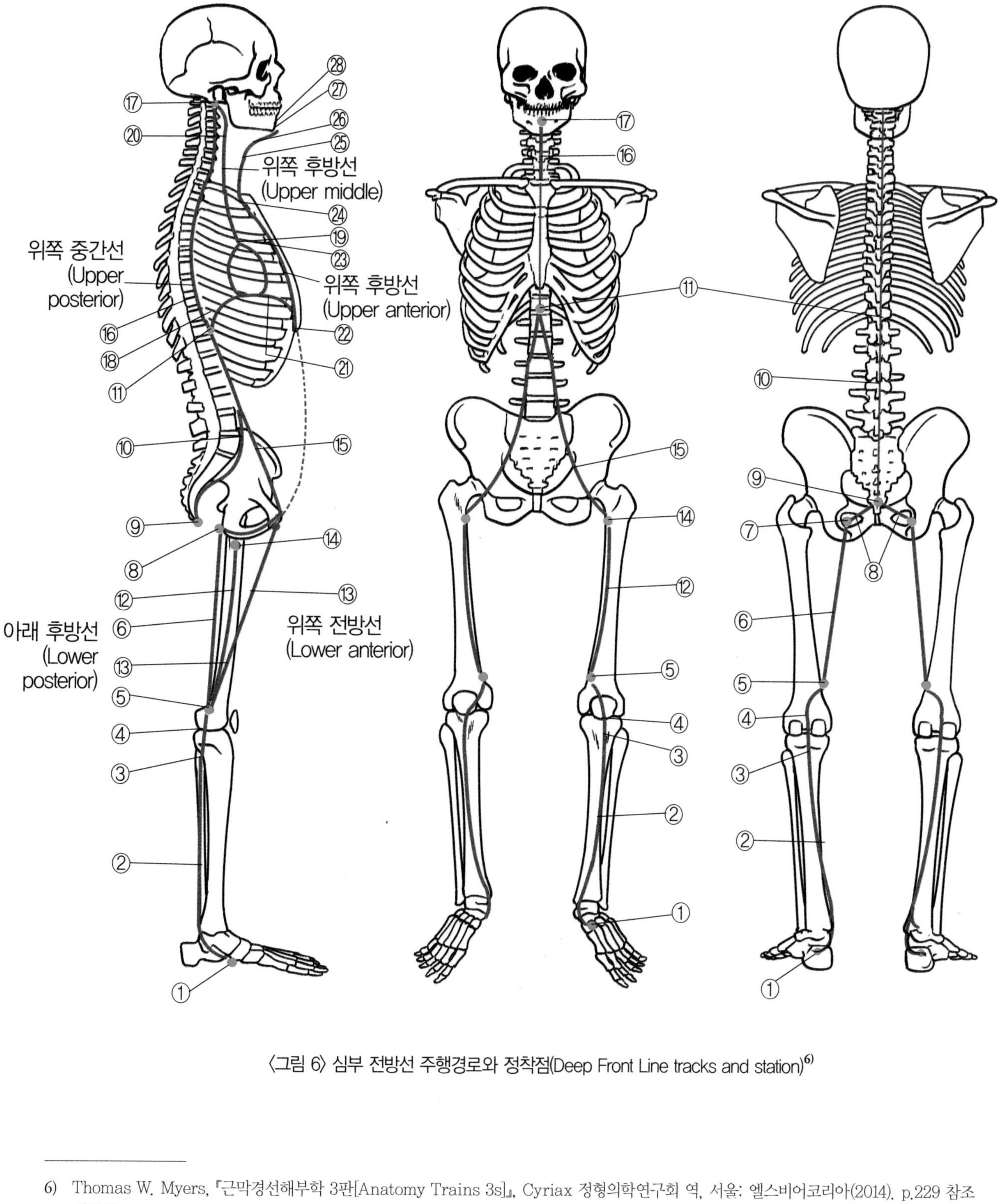

〈그림 6〉 심부 전방선 주행경로와 정착점(Deep Front Line tracks and station)[6]

6) Thomas W. Myers, 『근막경선해부학 3판[Anatomy Trains 3s]』, Cyriax 정형의학연구회 역, 서울: 엘스비어코리아(2014). p.229 참조 재구성

구획		근육 주행경로(myofascial track)
아래쪽 공통 (Lowest common)	2	후경골근, 장지굴근(Tibialis posterior, long toe flexors)
	3 경골, 비골(Tibia/ fibula)	
	4	슬와근막, 무릎 관절낭(Fascia of popliteus, knee capsule)
아래쪽 후방 (Lower posterior)	6	후방 근각 격막(posterior intermuscular septum), 대내전근과 소내전근(adductor magnus & minmus)
	7 좌골지(Ischial ramus)	
	8	골반바닥근막, 항문올림근, 속폐쇄근막(Pelvic floor fascia, levatorani, obturtor internus fascia)
	9 미골(Coccyx)	
	10	전방 천골 근막, 전종인대(Anterior sacral fascia and anterior longitudinal ligament)
	11 요추체(Lumbar vertabral bodies)	
아래쪽 전방 (Lower anterior)	12 대퇴골의 조선(Line aspera of femur)	
	13	내측 근간 격막, 단 내전근, 장 내전근(Medial intermuscular sepyum, addutor brevis, longus)
	14 대퇴골의 소전자	
	15	요근, 장골근, 치골근, 대퇴삼각(Psoa, iliacus, pectineus, femoral triangle)
위쪽 후방 (Upper posterior)	16	전종인대, 결부 결장근과 두장근(Anterior longitudinal ligament, longus colli and capitis)
위쪽 중간 (Upper middle)	18	후방 횡격막, 횡격막 각, 중심건(Posterior diaphragm, crura of diaphragm, central tendon)
	19	심장막, 종격, 벽측 흉막(pericardium, mediastinum, parietal pleura)
	20	척추앞 근막, 인두솔기, 사각근, 내측사각근막(Fascia prevertebralis, pharyngeal raphe, scalene muscles, medial scalene fascia)
위쪽 전방 (Upper anterior)	21	전방 횡격막(Anterior diaphragm)
	22 늑골밑 연골의 뒷면, 검상 돌기(Posterior surface of subcostal, cartilages, xiphoid process)	
	23	흉내근막, 가슴가로근(Fascia endothoracica, transversus thoracis)
	25	설골하근, 기관앞 근막(Infrahyoid muscles, fascia pretrachialis)
	26 설골(Hyoid bone)	
	27	설골상근(Suprahyoid muscles)
	28 하악(Mandible)	

〈표 1〉 심부전방선(deep front line: DFL): 근육근막 주행경로와 뼈 정착점[7)]

7) Thomas W. Myers, 『근막경선해부학 3판[Anatomy Trains 3s]』, Cyriax 정형의학연구회 역, 서울: 엘스비어코리아(2014). p.228. 발췌

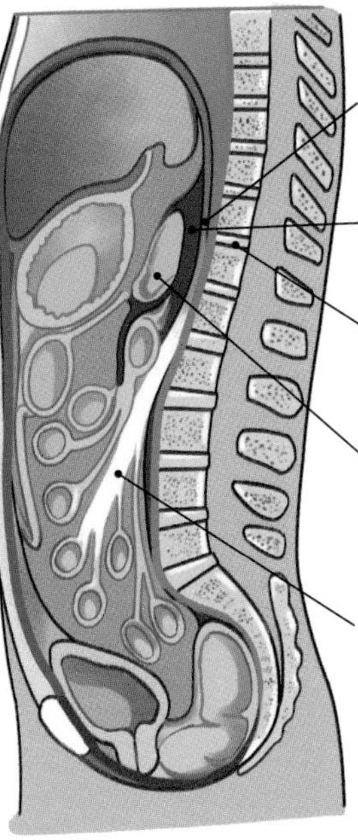

〈그림 7〉 횡격막 연결[8]

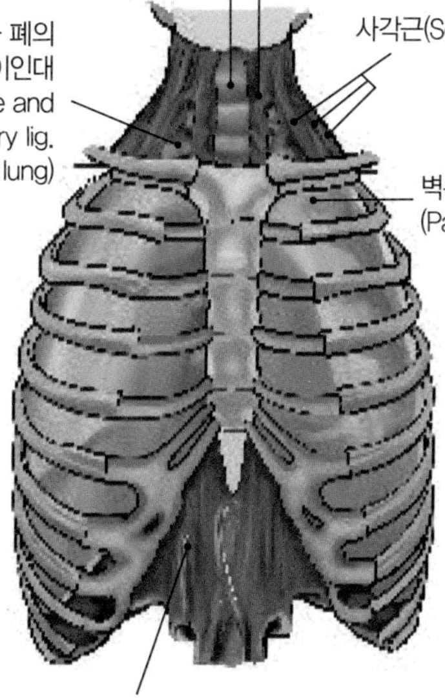

〈그림 8〉 횡격막 전면[9]

횡격막은 호흡에 아주 중대한 역할을 한다. 아기는 이 세상에 태어나면 자연적으로 횡격막 호흡을 하게 된다. 목과 어깨는 아주 편안하면서 복부가 규칙적으로 위, 아래로 움직인다. 하지만 아기가 성장하면서 스트레스와 부정적인 습관들로 인해 호흡의 주기가 불규칙해지고, 얕아지면서 흉식호흡으로 변하게 된다. 흉식호흡은 횡격막과 복부가 긴장해 더 이상 호흡이 내려가지 못하고 계속 위로 뜨게 되는 역방향의 호흡 패턴이다. 횡격막은 흡기 시 아래로(복부) 이완되며 그 안의 장기들을 움직여준다. 하지만 횡격막이 아래로 움직이지 않으면 장기들의 움직임은 적어지게 되고 결국 그 기능들을 점차 상실하게 된다. 그럼 당연히 내부 장기에 다수 분포된 내수용감각에 이상이 생기게 되고 불안과 우울과 같은 심리적인 문제들을 유발하게 된다.

---

8) Thomas W. Myers, 『근막경선해부학 3판[Anatomy Trains 3s]』, Cyriax 정형의학연구회 역, 서울: 엘스비어 코리아(2014). p.245, 참조 재구성.

9) Thomas W. Myers, 『근막경선해부학 3판[Anatomy Trains 3s]』, Cyriax 정형의학연구회 역, 서울: 엘스비어 코리아(2014). p. 249, 참조 재구성

최근 운동학, 또는 물리치료, 바디워크, 트레이닝 등등에서 근막스트레칭, 근막이완치료와 같은 근막적 접근이 매우 중요하게 대두되고 있다. 하지만 대부분이 DFL에 대한 훈련들에 대해서는 쉽게 설명하지 못한다. DFL은 다른 근막경선들과는 다르게 단지 물리적인 요소를 넘어 심리적인 요소와 밀접히 연관되어 있기 때문이다.

심부전방선은 '선'이라기보다 3차원 공간으로, 인체 지지에 주된 역할을 하며 인체의 중심구조물(core strure)에 안정성을 갖게 하는데, 본 교재에서 다루고자 하는 요가와 소매틱 운동(SE: Somatic Exercises)[10], 호흡법 등 심신치유와 재활(somatic healing & rehabilitation)에 핵심이 된다고 본다.

심부전방선과 연관된 일반적인 자세보상 패턴은 만성적 족저굴곡, 높은 아취 및 낮은 아치패턴, 회내(pronation)와 회외(supination), 외반슬과 내반슬(gene varus and valgus), 골반전방기울어짐(anterior pelvic tilt), 골반기저 기능부전, 요추부정열, 호흡제한, 경추 굴곡 및 과신전, 악관절(TMJ)증후군, 삼킴과언어곤란, 그리고 우울증을 동반하는 일반적인 중심 붕괴 등이 포함된다. 그리고 호흡을 적극적으로 활용하는 움직임 훈련으로 요가, 소매틱 운동, 호흡법과 같은 신체심리적 접근의 훈련이 권장된다.

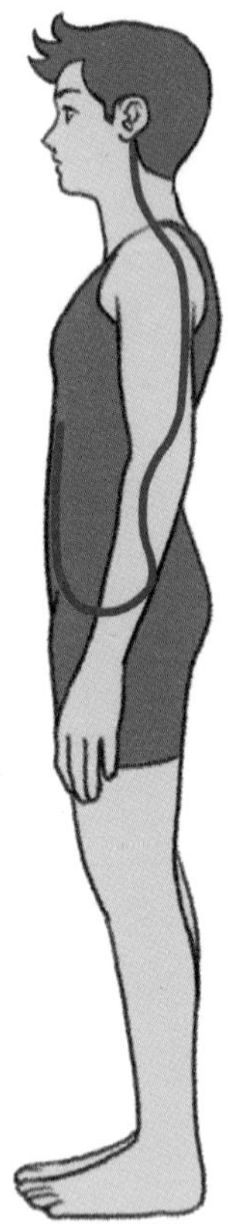

〈그림 9〉 심부전방선의 측면연결선[11]

10) 소매틱운동(somatic exercises)은 1자적 관점에서 자신의 몸을 인지하고 체험을 중시하는 관점으로, 본 저서에서 소매틱요가, 소매틱운동으로 기술하고자 한다.

11) Thomas W. Myers, 『근막경선해부학 3판[Anatomy Trains 3s]』, Cyriax 정형의학연구회 역, 서울: 엘스비어코리아(2014). p.244, 참고 재구성

3. 스트레스에 따른 근육반사, 빨간등반사 (Red Light Reflex)

우리가 세포를 soma로 보았을 때 세포는 팽창하고, 확장하여 목적지를 향해 나아간다. 또 원래의 자리로 철수하고, 수축하여 돌아온다. 즉 세상을 향해 나아가다가 다시 자기에게로 돌아오는 끊임없는 순환이 반복되는 것이다(Keleman, 1986). 이는 긍정적인 스트레스와 부정적인 스트레스에 세포가 자신을 적응시키는 과정이라 할 수 있다. 세포는 긍정적인 스트레스에 대해서는 앞으로 그리고 위로 전진하며, 반대로 부정적인 스트레스에 대해서는 뒤로 그리고 아래로 움츠린다.

소매틱스라는 학문을 정초한 토마스 하나는 내분비학자였던 한스셀리에의 스트레스 이론을 접목하여 근육반사 이론을 정립한다. 셀리에의 긍정적 스트레스(eustress)와 부정적 스트레스(distress) 이론을 기반으로 토마스 하나는 부정적 스트레스에 지속적으로 적응하는 것을 회피반응(withdrawal response), 긍정적 스트레스에 지속적으로 적응하는 것을 행동반응(action response)이라 하였으며, 회피반응을 빨간등반사(red light reflex), 행동반응을 초록등반사(green light reflex)라 명명하였다(Hanna, 2012).

〈그림 10〉 토마스하나의 빨간등반사(좌), 트라우마반사(중간), 초록등반사(우)[12]

12) Clinical Somatics — PeelingTheOnion – https://www.peelingtheonion.co.uk/somatics, 이미지 참조 재구성

빨간등반사는 모든 동물 집단에서 보이는 생존과 직결된 원시반사(primitive reflex)이다. 이 반응은 뇌의 위계적 정보처리 시스템에서 감각-운동계의 영역인 후뇌에서부터 시작된다. 좀 더 정확하게 표현하면 회피반응은 뇌간에 있는 교뇌 앞쪽과 연수망양체(reticular formation)에서 시작되는 망양척수로(reticulospinal tract)를 통해 전달된다. 따라서 이 반응은 대뇌피질의 의식적이고 수의적인 통제를 벗어나 있다(임성용, 2020).

회피반응은 디스트레스 상황에서 행하는 기본적인 신경근 시스템의 방어기제이다. 뇌 구조가 단순한 동물들도 이 회피반응 회로망을 통해 빠르게 움직임으로써 위험에서 벗어날 수 있는 생존 시스템인 것이다. 현대인들에게 있어 이러한 현상은 굉장히 많다고 본다. 무한경쟁시대 속에서 미래에 대한 걱정과 두려움, 학업이나 직업에 대한 걱정, 임금에 대한 걱정, 인간관계에서 겪는 심리적 문제, 구득불고(求得不苦)로부터의 상실감과 우울감, 안전에 대한 불안과 두려움 등과 매체에서 방송되는 여러 문제들과 위협에 노출되었을 때 발생한다.

회피반응은 복부 근육을 긴장시켜 흉곽을 아래로 잡아당기고 어깨와 몸통을 앞으로 굽게 만든다. 또한 사타구니 주변 근육이 수축하면서 무릎이 앞쪽으로 굽혀지게 되며 발가락은 위로 들린다. 기능 해부학적인 관점에서 보자면 주로 긴장성 근육(tonic muscle)과 위상성 근육(phasic muscle)에서 굴근의 기능들 담당하는 긴장성 근육이 회피반응과 관련된다. 긴장성 근육은 움직임 자체보다는 자세를 유지하기 위한 수축의 기능을 하는데, 이는 행동하기를 멈추고 철수하고, 줄어들고 수축하는 패턴이라 할 수 있다.

	긴장성(tonic)	위상성(phasic)
어깨이음 구조	큰/작은 가슴근(대, 소흉근) 어깨올림근(견갑거근) 상부 등세모근(상부승모근) 위팔두갈래근(상완이두근) 목갈비근(사각근) 목세움근(목기립근) 목빗근(흉쇄유돌근)	마름근(능형근) 하부 등세모근((하부승모근) 중부 등세모근(중부승모근) 앞톱니근(전거근) 위팔세갈래근(상완삼두근) 목뿔위근(설골상근) 목뿔아래근(설골하근) 긴목근(경장근)
아래팔	손목 굽힘근(수근굴근)	손목 폄근(수근신근)
몸통	허리세움근(척추기립근) 허리네모근(요방형근)	가슴 세움근(흉부기립근) 배근(복근)

골반	넙다리두갈래근(대퇴이두근) 반힘줄근(반건양근) 반막모양근(반막양근) 엉덩허리근(장요근) 엉덩정강근막띠(장경인대) 넙다리곧은근(대퇴직근) 모음근(내전근) 궁둥구멍근(이상근) 넙다리근막긴장근(대퇴근막장근)	안쪽넓은근(내측광근) 가쪽넓은근(외측광근) 큰볼기근(대둔근) 중간볼기근과 작은볼기근(중둔근, 소둔근)
아래다리	장딴지근(비복근) 가자미근	앞정강근(전경골근) 종아리근

〈표 2〉 긴장성 근육과 위성성 근육이 분류(Gibbsons, 2021)

긴장성 근육의 활성화로 인해 빨간등반사 자세가 고착화되면 여러 가지 질환을 유발시킬 수 있다. 특히 과호흡 증후군이 그 중 하나이다. 빨간등반사는 복부 근육을 긴장시키게 되고 호흡이 얕아지게 만듦으로써 상부 흉식호흡을 일으킨다. 그리고 이는 횡격막 호흡의 기능을 저하시키고 정상적인 호흡을 방해한다. 일반적인 호흡은 1분당 10~12회 정도 진행되며 1회에 약 500ml의 공기가 흡입된다. 하지만 과호흡은 분당 15~20회까지 호흡횟수가 늘어나며 1회 약 700ml에 달하는 공기를 흡입한다. 정상적인 호흡에 비해 2~3배가 많아지는 것이다. 과호흡으로 인해 호흡이 빨라지면 공기가 과도하게 흡입되고 체내의 이산화탄소 수치를 떨어뜨리고, 이는 칼슘 이온도 함께 줄어들어 감각과 운동신경이 자극받아 감각이 떨어지거나 각종 질병을 가져온다.

무엇보다 중요한 것은 다른 동물들과는 달리 인간은 만성적인 과호흡을 유발할 수 있다는 것이다. 동물은 하나의 상황에서 위기에 대처하기 위해 과호흡을 유발했다가 다시 안정적인 상황에서는 정상적인 호흡으로 돌아간다. 하지만 인간은 심각한 교통체증과 출근시간을 지켜야한다는 압박감, 사람이 꽉 찬 대중교통, 인간관계의 문제, 경제적 문제 등 환경 그 자체가 과호흡을 유발시키는 상황들에 구조화되어 있다. 이러한 상황에서 우리는 근육을 움직여 투쟁하거나 도피함으로써 상황에 대처해야 하지만 사회, 경제적 압박으로 인해 이를 꾹 참고 움직이지 않는다. 이는 결국 호흡이 얕아지거나 빠른 호흡으로 변형되고 몸 움직임은 경직되면서 과호흡 증후군과 빨간등 반사가 일어나게 된다.

운동방식에는 여러 가지가 있다. 그러나 신체-심리적(Somatic Psychology) 즉 몸과 마음의 치유와 재활을 위해서 본 교재에서는 '온전히 내가 지금-여기 있음을 자각하며' 요가 및 소마운동, 호흡법을 마스터하는 과정에 다음의 사항을 권해본다.

기지개를 자주하자. 요가와 소매틱 운동을 할 때 기지개와 같은 원리를 작고, 쉽게, 편한 만큼, 또한 할 수 있는 만큼 범위 안에서 어느 동작에 적용 가능한지를 활용하며 탐색해 보는 것이다. 기존 운동방식에서 처럼 일반적인 스트레칭을 벗어나는 것이 핵심이다. 즉 알고 있다고 생각하는 동작을 의도 및 자각 없이 실시하는 것, 지도자의 시연을 시각적 감각정보에 의존하여 동작을 따라만 하는 것, 스마트폰을 보면서 반복 운동과 동작을 하는 것(multitasking), 이러한 척수수준에서의 반사적(의식화 되지 않은), 비 수의적, 기계적인 운동 및 움직임을 지양하는 것이 바람직하다.

소매틱 운동(Somatic Exercise)에서는 '뇌가 움직임에 참여하도록 하는 것(brain engagement in action)'을 핵심으로 하며, 기지개의 의미를 지닌 '팬디큘레이션(pan-diculation)'을 중요한 개념으로 보고 있다. 스트레칭 하는 것처럼 보이지만 사실은 어느 정도의 근 수축을 유지한 상태에서 몸 전체의 근육을 신장시키는 것으로 근 수축(contraction)하면서 동시에 능동적으로 신장(lengthening)시킨다는 말이다. 또한 동물과 달리 인간의 팬디큘레이션은 중추신경계 레벨에서 이루어진다는 것이다(Martha Peterson, 2014).

요가와 소매틱 운동(Somatic Exercise)의 동작가운데 어느 정도 몸을 수축시키고, 신전시키며 이완하는 동작에서 몸에서의 그 감각, 느낌 등을 자각해보고, 일상에서 그동안 몸을 어떻게 자동적으로 사용했으며, 학업과 작업 혹은 휴식 등 어떤 장면에서든 열심히 무엇인가에 몰두하며 자세를 의식하지 않은 채 적응해 왔는지를 알아차려본다. 그리고 자세의 좌우 불균형, 통증, 자세의 변형 그리고 심리적인 위축과 긴장감이 몸 어디에서 느껴지는지 1자적 관점에서 탐지해 보는 것을 권해본다.

우리 현대인은 기계화, 산업화를 시작으로 하여 최근 AI기술의 도입에까지 생활의 유익함과 편리함은 빠른 속도로 향상되었으나, 몸 사용과 신체활동의 급격한 감소, 학습 및 근로 작업 형태에 따라 변형 등 몸의 본 기능이 변형, 상실되어 가고 있는 것은 사실이다.

무한경쟁시대를 살아가고 있는 현대인 누구나가 경험하고 있는 누적되어가는 작은 스트레스와 긴장감, 불안과 우울감 뿐 아니라 인생의 삶 주기 가운데 크거나 작은 위기들을 경험하게 될 뿐만 아니라 특히 SARS, MERS 등의 호흡기증후군에 이어 현재 전 세계인이 겪고 있는 COVID-19로 인한 생명과 안전의 위협까지도 느끼고 있다.

급 변화가운데 생존과 함께 진화 혹은 역 진화하고 있는 현대인의 특징을 반영해볼 때, 요가전문가 그리고 소매틱스 지도자는 마음을 품고 있는 현대인의 몸(soma) 안녕, 치유 그리고 재활을 위하여 무엇을 도울 수 있을까?

이에 요가의 빤차코샤를 통해 5개의 층으로 인간에 대하여 인문·철학적 존재(Humanities and Philosophical Being)로 이해해 보고, 토마스 마이어가 제시하고 있는 근막경선의 심부 전방선을 중심으로 몸을 물리학적 존재(Physical Existence)로 이해해봄으써 큰 틀의 5개 층에 대한 인간의 몸과 마음을 치유하고 회복과 재활을 돕기 위하여 본 교재에서는 주로 요가와 소매틱 운동, 호흡법 등을 소개하고자 한다.

제 2 장

몸 치유·재활 : 안나마야 코샤(Annamaya-Kośa)를 위한 요가

1. 몸을 알아가기
2. 개별수련에 맞는 요가 아사나(자세) 선택
3. 자세를 어떻게 적용할 것인가?
4. 자세에서 어떻게 호흡할 것인가?
5. 자세를 어떻게 조합할 것인가?
6. 몸 치유·재활을 위한 요가 프로그램

1) Tadasana(타다사나)
2) Parsvottanasana(파르스바타나사나)
3) Uttita Trikonasana(웃띠따 트리코사사나)
4) Uttanasana/Padahastasana(웃따나사나/빠다하스타사나)
5) Adho Mukha Svanasana(아도무카 스바나사나)
6) Dvipada Pitham(드위 파 다 삐땀)
7) Urdva Prasrta Padasana(우르드바 프라사르타 파다사나)
8) Sarvangasana(사르방가사나)
9) Bhujangasana(부장가사나)
10) Dhanurasana(다누라사나)
11) Apanasana(아파나사나)
12) Pascimatanasana(파스치맛타나사나)
13) Ardha Matsyendrasana(아르다 마첸드라사나)
14) Savasana(사바사나)

제2장 몸 치유·재활 : 안나마야 코샤(Annamaya-Kośa)를 위한 요가

거친 몸(Gross Body)의 대표격인 '몸'이 속하는 층이 바로 안나마야 코샤이다. 볼 수 있고 만질 수 있는 층이기 때문에 거친 몸으로 명명된다. 골격, 관절, 근육 등에 대한 자각과 이를 바탕으로 하는 관리가 몸 치유 및 재활에 핵심이다. 요가의 아사나(동작)가 육체적 관점에서 볼 때 인체의 해부생리적 기능 즉 소화기계, 호흡·순환기계, 근·골격계, 그리고 자율신경계 등에 미치는 긍정적 효과는 여러 과학적 연구를 통하여 입증되어왔다. 따라서 몸 치유 및 재활을 위한 방법으로 먼저 무엇보다도 자신의 몸을 이해하고 알아가는 단계로 신체적 자기 지각(self perception), 알아차림 혹은 자각(awearness), 수용(accept)하는 과정을 몸으로 체현화(體現化)해 보는 것이 중요하다.

우리는 대체로 '몸을 알아가기' 과정을 통하여, 그동안 잊어버린 채 놓치고 있던 몸, 기계처럼 물리적으로 사용해왔던 몸, 지적 사유 중심으로 미래를 향해 전진해 왔던 몸, 자세 변형이나 불균형 등으로 고통을 느끼고 있던 몸...에 대하여 미안함과 고마움을 동시에 느끼게 된다. 미래를 향한 과업 중심의 현대인 누구나가 겪고 있는 일 일 것이다.

따라서 현재 자신의 몸에 대하여 있는 그대로 알아차리고, 새로운 관점으로 인지하며 관계를 맺어갈 때, 더욱 자신의 몸을 신뢰하며 이러한 과정에 본래의 몸으로 회복되어 갈 뿐 아니라 존재감 회복과 더불어 건강한 몸으로 잘 살아내어야겠다는 육체적 건강에 대하여 다짐을 하는 사례를 종종 볼 수 있다. 이를 위한 방법으로 아사나를 실시할 때 천천히 자세를 취하며 들숨과 날숨의 호흡도 동시에 자각하고 매 순간 동작에서의 경험되는 직접적인 신체적 감각에 주의를 기울여 본다. 안나마야 코샤를 위한 요가를 다음과 같이 분류해 보았다.

1. 몸을 알아가기

1) 내 몸의 골격 구조에 대한 자각하기 : 기본 마인드

골격은 축골격과 부속골격으로 이루어져 있다. 이는 뼈 구조뿐 아니라 인대조직, 추간판, 관절낭을 포함하는 것으로, 우리 현대인은 이러한 골격구조를 잊은 채 기계처럼 사용하기에만 바쁘게 살아가고 있다.

'몸을 알아가기' 시간을 통해 잊어버린 몸, 방황하는 마음을 알아차리고, 자신의 몸 구석구석 스스로 1자적 관점에서 탐색해보며 인지하고 느껴 봄으로써 살아있는 몸, 또한 목표를 향한 몸이 아닌 그저 이 순간 존재하고 있는 몸으로 자각해 본다. "나는 나의 몸을 통해 '지금 – 여기' 온전하게, 그리고 존재함에 한 치의 부족함이 없는 몸, 그러함에도 불구하고, 그리고 기꺼이 존재하고 있음을 알아차림을 통해 존재감을 회복해 가는 시간을 가져본다.

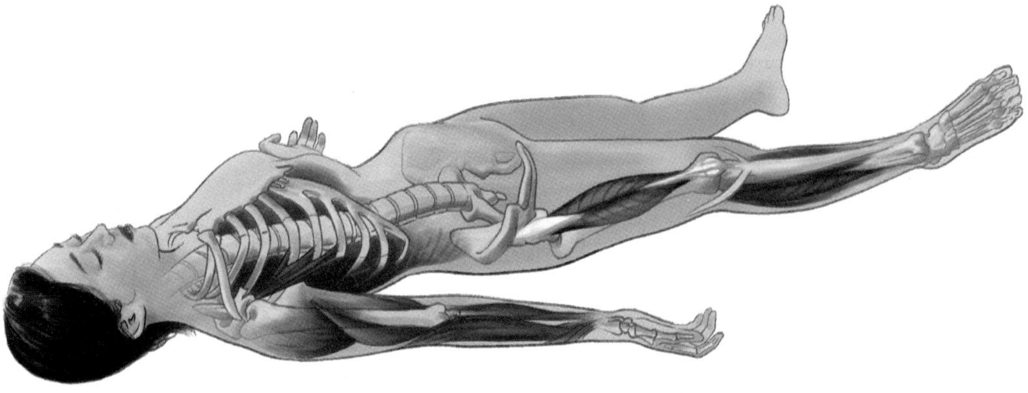

정답은 없다. 1자적 관점에서 자신만이 느끼고 알아차릴 수 있는 특권인 신체 고유의 메시지에 귀를 기울인다.
마치 바닷가 모래 사장위에 누워있다고 상상해 본다. 나의 몸이 모래를 누르고 있는 중력을 느껴보며, 몸 전체가 모래위에 어떤 조각형상으로 크고 작은 음각과 양각을 이루어 내고 있는가? 이를 통해 내 몸의 신체 지도가 형상화 될 수 있는가?

2) 내 몸에 대한 자각하기, 실전

(1) 척추 정렬 상태에 대한 자각

바닥에 누워서 한 다리나 한 팔이 다른 쪽에 비해 길지 않은지 살핀다. 한쪽 골반이나 어깨가 다른 쪽에 비해 높지 않은지 살핀다. 다른 사람의 도움을 받는 것도 좋다. 서서 전신 거울에 몸을 비추어 보며 어깨와 골반이 대칭인지 살핀다.

(2) 관절의 상태를 알기

바닥에 앉아 두 다리를 앞으로 뻗은 상태에서 상체를 앞으로 숙여 손으로 발을 잡아본다. 발을 쉽게 잡을 수 있는지 못 잡는지에 따라 고관절 부위가 수축되어 있는지 느슨한지 알 수 있다. 서서히 다리를 벌리면서 상체를 숙여보면서 어느 정도의 너비에서 상체 숙임이 잘 되는지를 살펴본다.

(3) 근육 구조에 대한 자각

몸을 움직이면서 허리, 등, 엉덩이, 어깨, 허벅지 등 주요 근육들의 쓰임을 느껴본다. 근육이 어떻게 분포되어 있는지에 대해 자신이 알고있는 선에서 느껴보고 확인하는 것도 좋은 방법이다. 어느 근육이 수축되어있고 이완되어있는지도 살펴본다.

(4) 통합된 내 몸에 대한 자각

① 호흡을 느껴본다. 호흡이 몸의 어느 부위에서 크게 느껴지는가? 코끝, 가슴, 늑골, 배꼽부의 혹은 등 뒤 어디에서라도 좋다. 호흡이 느껴지는 직접적인 신체 감각에 주의를 두면서 들숨과 날숨을 천천히 유지한다.
지금 이 순간 마음은 어떠한가? 순간 스쳐가는 생각이 있는가?

② 얼굴부위에 주의를 둔다. 코끝은 어디를 향하고 있는가? 머리 뒤통수에 주의를 두고 바닥에 닿아있는 뒤통수의 둥근 부위를 느껴본다. 천천히 머리를 좌로, 우로 돌려보며, 잊고 있었던 머리 뒤통수의 둥근 형태를 떠올려 본다. 그리고 그 느낌에 주의를 기울여 본다. 무슨 생각이 떠오르는가? 어떤 생각이 떠올랐음을 알아차렸다면 그 생각을 내려놓고 친절하게 다시 직접적인 신체적 감각으로 돌아온다.

③ 머리와 몸통을 연결하고 있는 경추를 자각해 본다. 7개의 경추는 바닥과 어떤 모양을 이루고 있는가? 어린 시절 갖고 있었던 경추 만곡이 살아있는가? 지금 현재 나의 경추는 바닥과 어떤 모양을 이루고 있는가? 만곡(아취)을 이루고 있는지 아니면 바닥에 밀착되어 평평한 느낌이 드는지.

④ 양 어깨와 견갑골을 느껴본다. 어깨 골격이 바닥과의 관계에서 접촉감이 어떻게 느껴지는가? 딱딱한 느낌이 드는가? 그렇지 않은가? 정답은 없다. 그저 있는 그대로 느껴본다. 견갑골의 삼각대가 바닥과의 관계에서 느낌으로 그려질 수 있는가? 양쪽 견갑골의 무게감을 느껴보며, 양쪽의 견갑골 무게가 동일하게 느껴지는지 아니면 한쪽이 더 무겁게 느껴지는지 느껴본다. 팔을 들어 올릴 때 삼각형의 견갑골의 움직임을 그려 볼 수 있는가?
천천히 깊은 숨을 들이마셨다가 천천히 내쉰다. 그리고 어깨에 짊어진 무거운 짐을 다 내려놓는다는 느낌으로 어깨의 무게감을 툭 떨구어 본다. 그리고 자신에게 속삭인다. "괜찮아, 000개야, 참 괜찮은 사람이야, 잘 살아내고 있어."

⑤ 어깨의 무게감을 내려놓고, 깊은 호흡과 함께 자아를 만나 속삭인 후, 어깨와 늑골까지의 등 전체를 바닥 지면과의 관계를 직접적 신체감각을 통해 자각해본다. 나의

등판이 바닥에 어느 부위가 얼마나 바닥에 밀착되어 있고 어느 부위가 바닥과 공간을 이루는가? '나의 등판 형상이 이러했구나, 늘 곧추 세우느라 힘이 많이 들어갔겠구나'... 등판에서 어떤 느낌과 생각, 그리고 기억이 회상되는가? 떠오르는 이미지, 느낌, 심지어 감정이 올라오는 것도 있는 그대로 허용해본다. 혹시 울컥하는 감정과 동시에 뜨거운 눈물이 흐른다면, 이 또한 눈물을 흘릴 수 있는 감정이 열려있고, 자신에 대한 연민, 그리고 내 삶에 대한 열정, 몸이 회복하고자하는 치유의 시작이 된다고 느껴본다.

마음이 조금 가벼워지는 것을 느껴본다. 깊은 호흡을 자각하면서 지금 이 순간의 느낌, 감정, 기억들을 불끄러미 내려놓는다.

⑥ 허리(요부) 라인을 느껴본다. 허리의 7마디 라인은 바닥과 어떤 모양을 이루고 있는가? 허리가 바닥에 밀착되어 있다고 느껴지는지 둥근 아치 모양을 만들고 있다고 느껴지는지 자각해 본다.

⑦ 골반위에서부터 바닥에 닿아있는 천골, 꼬리뼈까지의 부위를 느껴본다. 어느 부위가 더 무겁게 느껴지는지? 혹은 어느 부위가 바닥에 더 밀착되어 있는지, 떠있는지 느껴본다. 양 골반의 무게감은 어떠한가? 양 골반의 무게감이 동일한지 한쪽이 더 무겁게 느껴지는지 있는 그대로 알아차림 해본다. 바닥에 닿아 있는 골반 뒤 부분에서 연결되어 있는 다리 대퇴부위가 느껴지는가?

이번에는 골반 앞쪽 부위를 느껴본다. 상체와 다리를 연결해주는 고관절 앞쪽의 장요근의 부위를 상상해본다. 그리고 다리를 천천히 들어 올렸다 내려도 좋다. 다리를 들어 올렸을 때의 골반 앞쪽 장요근이 굴곡되는 느낌을 경험해보거나 상상해 본다.

많은 시간 좌식생활에서 오는 골반 앞쪽 부위, 장요근의 긴장감도 이제는 알아차려준다. 순간 스쳐가는 느낌이나 생각이 있는가? 불끄러미 바라보고 내려놓는다.

⑧ 바닥에 밀착된 허벅지(대퇴)의 뒷 부위를 자각해 본다. 허벅지는 바닥에 어떤 모양으로 닿아있는가? 어느 부위가 바닥에 밀착되고 어느 부위가 떠 있나고 느껴지는가?

⑨ 무릎 뒤 오금부위를 느껴본다. 바닥에 닿아 있는 부위와 떠있는 부위를 느껴보며 무릎이 구부러지고 펴질 때의 감각들도 기억해본다. 무릎의 둥근 뼈 모양을 상상해 볼 수 있는가?

⑩ 종아리와 발목에 주의를 둔다. 종아리의 어느 부위가 바닥에 닿아 있고 어느 부위가 떠있는가? 발목은 바닥과 어떤 모양을 이루고 있는가? 발목의 만곡이 어떻게 느껴지는가?

⑪ 발 뒤꿈치의 무게감을 느껴본다. 발꿈치의 무게감이 양쪽 모두 동일한가? 아니면 한쪽에서 더 무게감이 느껴지는가? 발끝은 어떤 모양으로 천장을 향하고 있는가? 두

발끝이 똑같이 천장을 향하고 있는지, 한쪽이 쓰러져 있는지?

⑫ 몸의 좌우 대칭을 그려본다. 머리, 얼굴에서 가슴, 배, 치골까지 중앙 기준선을 그려 보고 양 팔과 다리도 좌우 차이를 느낄 수 있는가? 어떤 차이가 있는가? 무게감, 바닥의 접촉면 넓이, 바닥과의 공간 형태 그리고 놓인 형태나 각도 등 양쪽의 차이가 느껴지는가?

⑬ 지금까지 바닥과의 관계에서 탐색해 본 몸으로 떠나는 여행을 마무리해 본다. 천천히 깊은 호흡과 함께 온몸에 힘을 빼며 몸 전체를 느껴본다. 직접적인 감각을 통한 몸의 느낌, 깊은 호흡의 자각, 마음 알아차림, 생각의 고요함 가운데 지금-여기에서 자유로움, 있는 그대로의 존재감을 충분히 누려본다. 한 치의 부족함 없는 자 자신을.

2. 개별수련에 맞는 요가 아사나(자세) 선택

몸에 대한 탐색을 통해 수련에 대한 목표가 세워졌다면 다음 단계는 개별수련에 맞는 요가 아사나(자세)를 선택한다.

1) 어떤 요가 아사나(자세)를 선택할 것인가?

요가 아사나의 종류는 전굴, 후굴, 비틀기, 비대칭, 역자세, 균형자세와 같은 특별자세로 분류할 수 있다. 몸의 뒤쪽이 타이트하거나 척추질환 등의 문제가 있다면 부드러운 전굴 자세를 선택하고 일상생활 속에서 주로 상체를 앞으로 숙이고 있거나 앉아있다면 후굴과 비틀기 자세를 선택한다. 척추측만과 같이 척추균형에 어려움이 있다면 비대칭 자세를 취하고, 장기의 노화나 척추 압박 등의 문제가 있다면 역자세를 취한다. 그리고 근력을 길러야 할 필요가 있다면 특별자세를 선택하는 것이 좋다.

2) 요가 아사나, 움직임을 어느 속도로 할 것인가?

요가아사나 자세를 하는 데 있어서 계속 움직이면서 하는 방법과 일정 시간 동안 유지하는 방법이 있다. 어떤 방법이 좋고 나쁜 것은 없고, 움직이는 속도가 있는 자세는 심혈관계 및 순환기계에 도움을 주어 활력감을 주고, 에너지가 정체되어있는 경우에 순환시켜주고 이를 통해 정화에 도움을 준다. 유지시간이 있는 자세들은 근력을 강화시키며 근육과 관절에서의 고유수용감각, 장기들의 내 수용감각들을 의식적, 무의식적으로 조금 더 탐색하고 인지할 수 있는 데 도움을 준다.

또한 정서적 측면에서 볼 때 우울하거나 무기력한 경우는 움직이는 속도가 높거나 낮은 경우 모두 좋으나, 단지 너무 오랜 시간 머물며 너무 깊은 내면으로 지나치게 들어가지 않도록 하는 것이 바람직하며, 불안수준이 높은 경우는 숨을 참고 오래 유지하는 동작은 지양하는 것이 좋다. 불안수준이 높은 경우 내 쉬는 숨에 포인트를 두고 가볍게 진행하는 것이 좋으며, 어느 정도 아사나 자세와 호흡에 익숙해지면 유지시간을 조금씩 늘려가며 서서히 적용하여, 불안감과 산만함을 줄일 수 있도록 적용해 본다.

3. 요가 자세를 어떻게 적용할 것인가?

'요가'라는 단어를 떠올리는 순간, 유명한 요기스트들의 유연하고 괴이한 아사나 동작들이 떠오르면서 '나는 유연하지 않아'라는 생각과 함께 요가 참여의 경험을 포기하거나 아예 관심을 두지 않는 경유가 많다.

본 신체-심리 치유와 재활에 기반을 둔 본 교재에 담고자 하는 내용은 정확하고, 바르고, 유연한 요가동작이 아니다. 남녀노소 누구나가 실내에서, 특히 코로나-19에 따른 '집콕 시대'에 마음을 조금 내어 요가와 소마 운동을 쉽게 따라해 보고, 그리하여 자신의 몸과 마음을 탐색해가는 과정에 자신의 몸에 더 친숙해지고 더 이해해가며 매순간 동작 가운데 지금-여기 머무는 수련을 통해 몸 혹은 마음이 자기치유 되어가도록 돕는 데 목표가 있다. 아사나 혹은 소매틱 동작 가운데 내 몸의 한계를 스스로 짓고 있지는 않았는가? 지금은 인내심이 필요한가?

따라서 자신의 몸의 상태에 따라 자세를 변형해서 실시한다. 앞으로 숙이는 전굴자세가 어려운 경우 햄스트링의 긴장 때문이라면 무릎을 살짝 구부리고 요추의 이상이라면 도구를 이용해 조금만 숙인다. 자세를 변형하거나 도구를 이용해서 보완하도록 한다. 좌우의 불균형이 심한 경우 좌우 움직임이나 속도 그리고 크기를 다르게 하면서 보완해간다. 요가자세에 몸을 맞추는 것이 아니라 자신의 몸에 요가자세를 맞춰본다. 우리 자신 몸과 마음이 매일 매일 점차 호전되고 심지어 신경가소성에 따라 날로 회복되고 향상되어 간다고 믿어보면 어떨까?

4. 자세에서 어떻게 호흡할 것인가?

요가 아사나 자세를 할 때 호흡의 흐름에 몸이 따라가도록 하는 것이 안전하고 효과적인 방법이다. 호흡의 방향을 들숨 때는 위에서 아래로 흐르게 하거나, 날숨 때는 아래에서 위로 흐르게 하면서 들숨 때는 가슴의 확장감을 느끼고 날숨 때는 복부의 수축감을 느낀다. 그래서 전굴 자세와 비틀기를 할 때는 날숨을 중심으로 느끼고 후굴자세를 할 때는 들숨을 중심으로 느껴본다. 또한 몸을 확장하는 동작에 숨을 들이쉬고 몸을 수축하거나 작게 하는 동작에 날숨을 적용해 본다. 몸과 마음의 치유와 재활을 위해서 아사나 동작 시 호흡을 자각하면서 매 순간 호흡과 함께 아사나를 동시에 움직이는 것이 핵심이라고 본다. 몸을 크게 확장하며 열 때 호흡을 크게 들어 마실 수 있는가?

몸을 작게 닫으며 수축시킬 때 숨을 내쉴 수 있는가?

아사나 동작과 호흡을 연결할 때 몸과 마음의 연결감을 경험할 수 있는가?

5. 자세를 어떻게 조합할 것인가?

요가자세의 효과는 각각의 자세의 효과만이 아니라 자세 흐름의 효과가 크다. 그러므로 프로그램 구성이 중요하다. 특성에 따라 목표 자세가 있다면 그 목표자세를 할 수 있는 조건을 만드는 것이 중요하다. 만약 전굴자세가 목표 자세라면 몸의 뒷부분이 충분히 늘어날 수 있는 자세들을 초반에 하고 목표자세를 하고 난 후에는 이를 보완해줄 수 있는 후굴자세를 한다. 많은 근력을 필요로 하는 균형자세가 목표자세라면 근력과 균형감을 키울 수 있는 자세를 초반에 실시하고 목표자세를 하고난 후에는 충분히 휴식을 취하는 것이 좋다. 한 프로그램 안에 몸 전체를 고르게 사용할 수 있는 자세들을 배치하는 것도 좋은 방법이다.

몸 차원의 재활에 도움이 되는 '안나마야 코샤를 위한 요가 프로그램'을 아래와 같이 제시한다.[13] 척추를 중심으로 정렬을 맞추고 호흡에 맞춰 몸을 크게 움직이면서 대근육을 고르게 활성화시키는 흐름으로 구성되어있다.

---

13) Gary Kraftsow, Yoga for Transformation, Penguin Books(2002).; Gary Kraftsow, 『웰니스를 위한 비니요가』, 조옥경 역, 학지사(2011)를 참고하여 안나마야 코샤를 위한 요가를 재구성하였음.

6. 몸 치유·재활을 위한 요가 프로그램

TADASANA

1) Tadasana(타다사나)

1

2

두 발을 약간 벌린 상태로 바르게 서서 잠시 머무른다. 양 발바닥에 전해지는 지지감이 균등한지 느껴본다.

들숨에 손가락 깍지를 끼고 손을 뒤집으면서 팔을 들어올리면서 동시에 발뒤꿈치를 올린다. 날숨에 팔을 제자리로 내리면서 뒤꿈치를 내린다.

호흡에 맞춰서 4회 반복한다. 들숨에는 허리가 살짝 젖혀지게 하면서 고개를 살짝 들면서 몸의 앞부분이 늘어나도록 한다. 날숨에 허리가 반듯해지면서 턱을 당기면서 늘어났던 몸의 앞부분이 제자리로 돌아오게 한다. 어느 정도 익숙해진 경우에는 팔을 위로 뻗은 상태에서 호흡을 몇 차례 유지하면서 머물러보는 것을 시도해본다. 서서히 호흡의 횟수를 늘려가도록 하며 현기증이 느껴지거나 숨이 가빠지면 가만히 서서 머물러본다.

이 자세는 균형감을 길러주고 척추를 늘이는데 도움을 주고 종아리와 발을 강하게 한다. 들숨이 강조되는 전체적으로 강화시키는 자세이다.

2) Parsvottanasana(파르스보타나사나)

PARSVOTTANASANA

왼발을 앞으로 옮겨서 두 발을 앞뒤로 골반너비 정도 벌리고 선다. 들숨에 두 팔을 들어올려 팔을 뻗었다가 날숨에 왼발 쪽으로 상체를 숙인다. 이때 가슴은 왼쪽 허벅지와 가까워지고 양손은 왼발 양옆에 둔다. 들숨에 두 팔을 뻗으며 일어난다. 호흡에 맞춰서 4회 반복한다.

가능한 경우 내려간 상태에서 호흡을 몇차례 이어간다. 들이마실때는 척추가 살짝 늘어나는 느낌을 갖고 내쉴 때는 이완되는 느낌을 가지면서 호흡에 맞춰 척추가 늘어나는 것을 경험한다. 횟수가 반복될수록 척추가 편안하게 늘어나는 것을 느낄 수 있을 것이다. 반대쪽도 같은 방법으로 실시한다.

움직이는 동안에 앞다리의 무릎을 살짝 구부리는 것이 상체가 내려가는 데 도움이 될 것이다. 뒤에 있는 다리의 발뒤꿈치는 바닥으로 지긋이 내리누르면 보다 안정되게 자세를 취할 수 있다. 가급적 골반이 돌아가지 않게 골반의 수평정렬에도 신경을 써본다. 좌우의 차이도 느껴본다.

등과 다리의 근육을 늘이고 강화시키는 자세이다.

1

2

3) Uttita Trikonasana(웃띠따 트리코사사나)

A : 두발을 어깨보다 넓게 벌리고 선 후, 왼발을 바깥으로 90도 돌리고, 오른손을 허리 아래쪽에 두면서 약간 바깥쪽으로 돌린다. 들숨에 왼팔을 들어올리고 날숨에 왼손을 왼쪽 무릎을 향해 내리면서 고개는 오른쪽으로 돌린다. 들숨에 제자리로 돌아온다. 호흡에 맞춰 4회 반복한다.

B

1

2

B : A 자세에서 들숨에 오른팔을 위와 앞으로 뻗으면서 고개도 오른손을 향해 앞으로 돌린다. 날숨에 오른손을 뒤로 돌리면서 고개로 오른손을 따라간다. 4회 반복한다.

팔과 목이 움직일 때 호흡에 맞춰서 부드럽게 움직인다. 어느 한쪽이 더 빨리 움직이지 않도록 속도를 조절한다. 호흡을 기준점으로 하고 숨이 멈춰지거나 거칠어지면 자신의 몸에 무리가 간 것으로 여기고 시작 자세로 돌아온다. 팔과 목의 움직임이 어떻게 협응하는지도 살피고 자세가 어느 정도 익숙해지면 목의 움직임의 방향을 반대로 할 수도 있다. 움직임의 속도를 잘 맞추면서 호흡에 맞춰 부드럽게 움직인다. B 자세가 어려운 경우에는 A 자세만 한다. 상체와 흉곽을 측면으로 늘이는데 도움이 되는 자세로 로 일상 생활에서 앞으로 숙이는 자세를 많이 취하는 경우에 도움이 된다.

4) Uttanasana / Padahastasana(웃따나사나 / 빠다하스타사나)

A : 발을 살짝 벌리고 선 상태에서 들숨에 두 팔을 올리고, 날숨에 상체를 숙여 손을 발 옆에 둔다. 고개는 힘을 뺀 채로 바닥을 향해 내려놓는다. 들숨에 두 팔을 뻗으면서 시작자세로 돌아온다. 4회 반복한다.

A

B : A 자세에서 손가락을 발볼 아래에 두고 들숨에 가슴을 들어올려 허벅지로부터 멀리하면서 윗등을 편평하게 한다. 날숨에 상체를 숙인다. 횟수가 늘어날 때마다 아주 조금씩 척추를 더 늘여본다. 4회 반복한다.

상체를 숙일 때 무릎을 살짝 구부리면 허리가 더 잘 늘어날 것이다. 날숨에는 상체를 다리와 가까이하면서 배와 가슴이 허벅지와 가까워지게 한다. 이때 턱을 목구멍 쪽으로 당겨서 몸의 뒷부분이 충분히 늘어나게 한다. 날숨에는 등을 들숨에는 배와 가슴을 확장시키고 균형감을 기르는 데 도움이 되는 자세이다.

B

5) Adho Mukha Svanasana(아도무카 스바나사나)

ADHO MUKHA SVANASANA

손은 어깨아래에 무릎은 골반아래에 두고 기어가는 자세를 취하고 양손과 두 무릎에 골고루 무게가 실리는지 살펴본다. 잠시 머무르다가 날숨에 엉덩이를 위로 들어올리면서 무릎을 바닥에서 떼면서 가슴을 발쪽으로 밀어준다. 마치 개가 기지개를 켜는 것처럼 손바닥과 발바닥으로 바닥을 밀면서 엉덩이를 천장을 향해 들어올린다. 들숨에 기어가는 시작자세로 돌아온다.

호흡에 맞춰서 4회 반복한다. 내쉬는 숨에 두 팔을 뻗을 때 가슴이 무릎 쪽에 가까워지면서 윗등을 편평하게 한다. 이때 어깨가 과도하게 굽히지 않도록 조심한다.

이 자세는 윗등과 어깨를 늘이는 데 도움이 되며 기지개를 켜는 것처럼 활기를 넣어주며, 요가자세의 흐름 상에서 살펴보면 선 자세에서 누운 자세로 전환하도록 하는 데 도움을 준다.

6) Dvipada Pitham(드위빠다 삐땀)

누워서 무릎을 구부려 두 발을 엉덩이 아래에 둔다. 두 발의 너비는 골반정도로 하고 발바닥의 지지감을 충분히 느껴본다. 들숨에 발로 바닥을 누르면서 턱을 당겨 목 뒤가 편평해질 때까지 골반을 올린다. 동시에 팔을 머리 뒤에 두며 뻗는다. 날숨에 제자리로 돌아온다.

호흡에 맞춰서 4회 반복한다. 들숨에 골반부터 움직임이 시작하는 것처럼 가급적 척추마디를 하나씩 느끼며 조금씩 올린다. 날숨에는 경추부터 마디마디를 느끼면서 조금씩 내린다.

척추의 민감도를 높이고 누운 상태에서 윗등과 목을 늘이는 데 도움이 되는 자세이다. 들숨에 팔을 올리기 때문에 심리적 활력을 불어넣는 데 도움이 된다.

1

2

7) Urdva Prasrta Padasana(우르드바 쁘라사르따 빠다사나)

URDVA PRASRTA PADASANA

바닥에 누워 팔을 몸 옆에 가지런히 두고 다리를 구부려 무릎이 가슴 쪽을 향하게 들어올린다. 들숨에 팔을 머리 뒤 바닥에 놓으면서 다리를 천정을 향해 위로 올린다. 몸이 ㄴ자처럼 쭉 뻗어지게 하면서 늘인다. 날숨에 시작자세로 돌아온다. 호흡에 맞춰 4회 반복한다.

들숨에 다리를 들어올릴 때 발을 당긴다. 무릎을 살짝 구부리고 다리와 몸통의 각도가 90도 정도 되게 한다. 허리와 골반을 아래로 밀어주면서 턱을 당긴다. 자세를 유지하는 동안, 날숨에는 무릎과 팔꿈치를 살짝 풀어주고 들숨에 팔과 다리를 기지개를 켜듯 반듯하게 뻗는다. 척추를 뻗어 바닥에 편평하게 하고 다리도 충분히 늘린다. 이 자세는 복근을 강화시키는 데 도움이 된다.

8) Sarvangasana(사르방가사나)

누워서 날숨에 다리를 머리위로 올리면서 엉덩이와 허리와 등이 바닥에서 떨어지게 하면서 손으로 등을 받친다. 들숨에 다리를 위로 올리고, 호흡을 깊게 하면서 유지한다. 이때 손으로 등을 안정되게 받치고 발이 천장을 향하게 한 상태에서 편안히 머무른다. 몸통은 살짝 기울어지게 하고 다리도 그만큼 살짝 기울어지게 한다. 두 다리가 가급적 나란히 있게 한다. 날숨에 무릎을 가슴 쪽으로 내리고 들숨에 다리를 내려준다. 내려오고 난 후 몇 분 동안 휴식을 취한다.

자세를 유지하는 동안 고관절을 어깨보다는 발꿈치 위 수직선에 두고, 발은 머리 약간 너머 둔다. 편안하게 호흡을 이어나가면서 길고 부드러운 들숨과 날숨에 집중한다. 척추근육조직을 강화시키고 호흡리듬이 깊어지도록 하는 데 도움이 된다.

9) Bhujangasana (부장가사나)

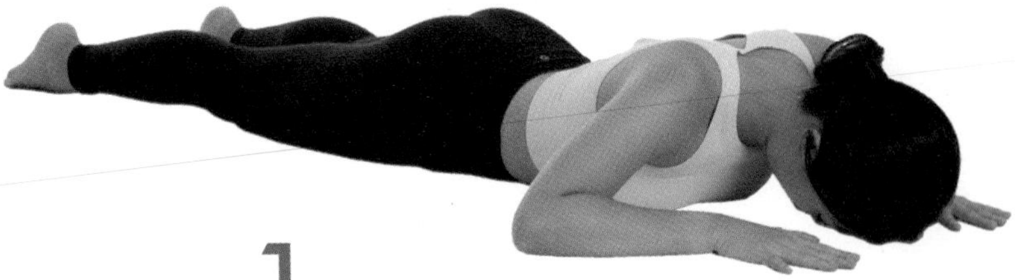

1

2

BHUJANGASANA

이마를 바닥에 대고 엎드리고 양 손은 얼굴 옆 정도에 둔다. 들숨에 손으로 바닥을 누르고 턱을 밀면서 상체를 천천히 올린다. 팔꿈치 정도를 바닥에 대고 양 손바닥이 바닥을 향하게 한 채로 편안한 호흡을 이어나간다. 날숨에 배부터 천천히 내려온다. 8회 반복한다. 호흡과 함께 척추를 느끼면서 움직인다. 들숨 끝에 턱을 살짝 올리면 몸의 앞부분이 조금 더 열린다. 사르방가사나와 반대되는 자세로, 윗등과 목을 젖혀준다.

10) Dhanurasana (다누라사나)

1

2

엎드려서 이마를 바닥에 대고 무릎을 구부려 손으로 발목을 잡는다. 들숨에 발을 천장을 향해 올리면서 무릎이 바닥에서 떨어지게 한다. 어깨가 뒤로 당겨지게 하면서 가슴을 올리면서 배 중앙이 바닥에 닿게 한다. 날숨에 시작자세로 돌아온다.

호흡에 맞춰서 4회 반복한다. 가능한 만큼 조금 오래 유지해보고 유지할 때는 들숨 때마다 가슴을 조금씩 높이 올린다. 전체적으로 가슴과 몸통 앞부분을 늘이고, 등과 다리를 강하게 하는 자세이다.

11) Apanasana(아파나사나)

APANASANA

누운 상태에서 두 무릎을 구부려 발을 바닥에서 들어올려 무릎이 가슴을 향하게 한다. 양손을 각 방향의 무릎 위에 놓는다. 날숨에 허벅지를 부드러우면서도 단계적으로 가슴을 향해 당긴다. 들숨에 시작자세로 돌아온다. 8회 반복한다. 날숨에 무릎을 가슴으로 당길 때 어깨를 바닥으로 내리면서 팔로 부드럽게 당긴다. 바람빼기 자세라고도 불리며 독소와 노폐물이 몸 밖으로 나가게 하는 데 도움을 준다. 허리를 바닥을 향해 아래로 누르고 턱을 목구멍 쪽으로 살짝 떨어뜨리면 허리가 부드럽고 늘어나면서 이완되게 한다.

12) Pascimatanasana(빠스치맛따나사나)

A : 두 다리를 앞으로 뻗고 앉아 등을 바르게 세워 앉아 들숨에 팔을 머리 위로 뻗어 올린다. 날숨에 몸을 앞으로 숙여 머리를 다리 위에 둔다. 이때 다리를 살짝 구부리는 것이 상체가 숙여지는 데 더 수월할 수 있다. 들숨에 시작자세로 돌아온다. 호흡에 맞춰서 4회 반복한다.

B : A 자세에서 손바닥으로 발 볼을 잡는다. 들숨에 가슴을 위로 올려 허벅지에서 멀어지게 하면서, 윗등을 편평하게 한다. 날숨에 이전 시작자세로 돌아온다. 4회 반복한다.

날숨에 무릎을 살짝 구부려서 허리가 늘어나고 배와 가슴이 허벅지 쪽으로 내려가는 데 도움이 되게 한다. 그리고 턱을 목구멍 쪽으로 내리면 몸의 뒷부분이 전체적으로 늘어날 것이다. 들숨에는 가슴을 허벅지로부터 들어올려 윗등이 편평해지게 한다.

13) Ardha Matsyendrasana(아르다 마첸드라사나)

1

2

ARDHA MATSYENDRASANA

오른쪽 무릎을 구부려 오른발을 왼 무릎 바깥쪽에 놓는다. 왼손으로 오른 무릎을 감싸고 오른손은 오른쪽 엉덩이 옆이나 허리에 둔다. 들숨에 척추를 위로 늘이고 날숨에 상체를 오른쪽으로 비틀어서 오른쪽 어깨너머를 바라본다. 비튼 상태에서 8회 호흡한다. 들숨에 정면으로 돌아와 반대쪽도 같은 방식으로 한다.

날숨에 뱃속 깊은 곳으로부터 비틀림을 조절한다. 비트는 것을 더 강하게 하기 위해 팔 지렛대를 사용한다. 들숨에 척추의 신장에 도움이 되게하기 위해 가볍게 돌아온다. 이같이 자세를 유지한 상태에서 호흡을 이어나가면 더욱 깊은 비틀림과 함께 신장감을 경험할 수 있을 것이다.

14) Savasana(사바사나)

편안하게 바닥에 누워, 팔을 양옆에 손바닥이 위를 향하게 한다. 다리는 골반 넓이 만큼 벌려 놓는다 눈을 부드럽게 감고 몸에 힘을 빼면서 몸 전체를 이완한다. 마음은 이완하고 몸의 감각에 깨어있게 한다. 8분 정도 유지한다.

제 3 장

호흡 치유·재활 : 쁘라나마야 코샤(Prānayama-Kośa)를 위한 요가

1. 가슴과 복부를 확장시키는 자세

1) 도구를 이용한 후굴
2) Crescent Moon(반달자세)
3) Jathara Parvrtti(복부허리비틀기)
4) Savasana(휴식자세)

2. 소매틱 운동

1) Arch & Flatten(아치 & 플래튼)
2) Arch & Curl(아치 & 컬)
3) Back Lift(백 리프트)
4) Diagonal Arch & Curl(사선 아치 & 컬)
5) Side Bend(측굴) 허리근육
6) The Washrag(온몸 비틀기)
7) Inversion and Eversion of the Feet(고관절과 발목, 내번 외번)
8) The Flower(꽃 개화)
9) Sking(스키타기)
10) Waking Lessions(워킹 레슨)
11) The Shrug(어깨풀기) 기초
12) The Trapezius & Levator scapula(승모근 & 견갑거근, 어깨이완)
13) Pump Breathing(펌프호흡)
14) Eye Relaxation(눈 이완, 휴식)
15) Reach Up to the Top Shelf(높은 선반까지 뻗어보기)

3. 요가 호흡법

1) Nadi Sodhana(나디 정화호흡)
2) Cooling Pranayama(냉 호흡, 冷 呼吸)
3) Heating Pranayama(열 호흡, 熱 呼吸)
4) Bhramari Pranayama(꿀벌 호흡)
5) Shanmukhi Mudra(샨무키 무드라)

제3장 호흡 치유·재활 : 쁘라나마야 코샤(Prānayama-Kośa)를 위한 요가

최근 2년 째 장기화되고 있는 COVID-19에 따른 '집콕'생활 등 신체활동의 급 감소와 학업·작업 형태 변화로 신체의 어느 부위에서 주로 불편감을 느끼고 있는가? 호흡은 편안하가? 생명체인 몸의 에너지 관리에 근원이 되는 호흡을 살펴볼 필요가 있다. 남녀노소 없이 가장 많은 호소증세로, 소화기능저하에 따른 복부팽만감, 소화불량, 위산 역류 그리고 체중변화와 혈류순환의 답답함일 것으로 감지해본다. 평소보다 몇 배 증가된 컴퓨터 모니터 작업과 스마트폰 시간의 증폭으로 인한 근 골격계의 변화와 근육의 경직감을 탐지해 보았는가? 이로 인한 목, 어깨, 허리의 근막통증... 점 점 더 숙여지는 머리와 굽어져가는 허리, 고관절의 굳어가는 느낌, 양 어깨가 가슴 흉골 방향으로 말리는 라운드숄더 자세, 심지어 턱의 악관절에서 경직을 경험해보았는가? 눈의 피로는 어떠한가? 이는 현대인이 많이 겪고 있는 일반적 몸의 현상이기도 하였지만 COVID-19는 이러한 몸의 자세변화와 퇴행을 단축시켰을 뿐 아니라 호흡순환계의 위축을 초래해가고 있을지 모른다.

무엇보다도 심각한 것은 현대생활의 신체활동 감소와 좌업생활로 인한 근 골격계 변화로 인하여 몸의 비 기능적이고 불편한 변화는 호흡계에 긴장으로 남고 역기능적으로 작용하게 되며, 이는 지속적으로 우리 몸에 누적되고 있고 우리의 정서, 마음에까지 영향을 미치고 있다. 따라서 본 장에서는 우리의 몸과 마음을 연결하는 프라나야마(호흡)을 통해 몸을 자각하며 신체, 심리적 치유와 재활을 도모하는 호흡법과 소매틱 운동(Somatic Exercise)을 소개하고자 한다.

몸 보다 깊은 층인 호흡을 확장하기 위해서는 호흡과 관련된 몸의 부위를 충분히 늘이고 이완하는 것이 필요하다. 횡격막을 중심으로 가슴과 복부를 다루는 요가 아사나자세(Asana)와 최근 현대인이 겪는 빨간등 반사 해결을 위한 소매틱 운동(Somatic Exercise)을 실시 한 후에 요가의 호흡법(Pranayama)을 체현화해 보는 것을 제안한다.

1. 가슴과 복부를 확장시키는 자세

1) 도구를 이용한 후굴

볼스터나 방석, 큰베개 등을 몸 뒤에 받치고 누운 상태에서 늑간근과 가슴 그리고 복부의 움직임을 느낀다. 숨을 마실 때마다 늑간근의 사이가 늘어나면서 가슴이 확장되는 것을 느낀다. 가슴이 충분히 이완될 수 있도록 등을 도구에 가라앉힌다.

2) Crescent Moon(반달자세)

두 다리를 기법게 벌리고 누운 상태에서 잠시 머무르다가 오른다리를 왼발목 쪽으로 옮긴 후 오른 다리 측면이 늘어나는 것을 느껴본다. 이때 오른쪽 엉덩이와 허벅지가 바닥에서 떨어지지 않도록 무게를 실어본다. 어느정도 적응이 된 후 오른팔을 뻗어 올려 왼손으로 손목이나 팔뚝을 잡고 왼쪽으로 휘어준다. 고개는 천장을 바라보거나 왼쪽으로 돌려준다.

몸의 측면이 길게 늘어나는 자세로, 들숨 때는 숨이 위에서 아래로 들어온다고 여기고 날숨 때는 아래에서 위로 비워진다고 여긴다.

편안하게 이완된 상태에서 자연스럽게 숨이 들고 날 수 있도록 과하게 굽히지 않는다.

3) Jathara Parvrtti(복부허리비틀기)

누운 상태에서 한 무릎을 구부려서 반대쪽으로 내려 척추가 부드럽게 비틀리게 한다. 손으로 무릎을 가볍게 잡아준다. 복부가 편안하게 비틀어진 상태를 유지하면서 편안한 마음으로 호흡을 이어나간다. 들숨에 몸통이 커지고 날숨이 몸통이 작아지는 느낌을 가지면서 움직인다. 반대쪽도 같은 방법으로 실시한다.

4) Savasana(휴식자세)

편안하게 바닥에 누워 턱이 들리지 않게 머리를 편안하게 놓고, 다리는 골반 넓이보다 조금 넓게, 양손은 엉덩이 옆에 편하게 벌려놓는다.

먼저 주의를 바닥에 닿아 있는 신체 부위에 두고, 바닥 접촉면을 통해 느껴지는 몸의 무게감, 넓이감을 느껴본다. 그리고 몸 전체에 남아 있는 느낌을 살펴본다.

2. 소매틱 운동(SE: Somatic Exercise)[14]

고양이가 수시로 기지개를 켜듯 아침 기상 시 수면시간 동안 굳어있던 근육과 뇌를 깨우며, 또는 저녁시간 하루를 마감하며 불수의적으로 수축된 근육과 마음의 긴장을 이완하며, 그리고 컴퓨터에 고정되어 작업하는 낮 시간에도 잠시 주의를 챙겨 10분씩이라도 실시 가능한 동작을 실시해 본다. 진행해가면서 몸과 마음이 어떻게 느끼고 달라지는지 호기심을 갖고 작고 편안한 만큼, 스스로 탐색해본다.

동작을 시작하기 전에 누워 있는 상태에서 신체가 바닥에 닿아있는 느낌, 신체 부위마다 접촉의 넓이, 인체의 1차만곡, 2차 만곡에 따른 바닥 지면과의 형상 인지, 무게감, 몸의 방향감 등을 탐색해본다(동작이 끝난 후 편하게 누운 상태에서 차이가 있는지 1자적 관점에서 탐색해 본다).

동작을 진행하는 과정에 몸이 지면과의 관계가 어떻게 변화되어가고, 이때 각 관절들의 연동적 움직임은 어떤 방향으로 어떻게 일어나고 있으며, 무게감이 어디로 이동되는지, 근육의 수축감은 자각할 수 있는지, 수축감을 느끼며 더 길게 늘려볼 수 있는지, 그리고 다시 이완감을 인지해 볼 수 있는지 탐색해 볼 수 있는가? 즉 이는 팬디큘레이션 작용을 적용하고 있는 것이다.

예를 들면 아취 엔 플래튼 동작을 실시 할 때, 들숨에 복부에 숨을 채우듯 하며 요추를 바닥에서 아취 모양을 만들 때 턱이 목의 앞부분으로 슬쩍 당겨지면서 경추-흉추-요추-천추-꼬리뼈까지 연결되어 파도처럼 연동적으로 움직여지는 가운데 무게 중심이동과 척추 모양의 변화를 인지하며, 순간 척추 기립근과 허리 요부에서의 수축감(contratio)이 느껴지고, 몸 앞부분의 굴곡근이 늘어난 신전감을 인지할 수 있을까? 이어서 내쉬는 숨에 허리요부를 바닥에 편편하게 내려놓을 때 등에서의 이완감을, 순간 몸 앞부분의 굴곡근에서의 수축감(contration)을 감지하며 턱이 자연스럽게 약간 들리는 자세에서 경추 만곡의 변화도 인지할 수 있을까? 상세한 설명으로 인하여 복잡해보이고, 인지하기에 뇌가 무척 바빠진 듯 하지만, 실제 우리의 몸은 신경가소성

---

14) 김정명(2019). 제2기 Somatic Academy. KSI. ; 김정명(2020). KSI Digital Somatic Academy Intermediate Level. KSI.의 교육과정과 김정명(2021.3-5). Gim's Somatic Exercise 디지털 집중수련 참여 과정에 체현화한 경험을 바탕으로 재구성하였음. 그 외 Martha Peterson. 『15분 소마운동』, 최광석 옮김, 군자출판사(2014).; Thomas Hanna, Somatics; Reawakening the Mind's Control of Movement, Flexibility and Health, Hachette Books(2004) 참조하였음

(neuroplasticity)[15]이 있어 학습과 기억을 통해 새로운 변화들에 적응해 가며, 움직임가운데의 자극을 오래 기억한다. 마치 어린시절 잠시 타봤던 자전거 타기를 오랜 세월 후 자전거 타기를 시도했을 때에 쉽게 다시 감각을 찾을 수 있었던 경험을 예를 들어본다.

그런데 본 소매틱 운동은 뇌간수준에서 수의적, 능동적인 움직임에 대한 재교육으로 동작을 학습하는 과정에 단계 혹은 절차적인 움직임과 그 가운데 깨어있는 통합된 상태로 주의력을 동반하여 자각, 알아차림을 중시한다. 그렇다면 움직임 패턴의 재 교육 및 학습, 새롭게 움직임을 시도해보려는 의지와 태도로 우리 뇌의 가소성을 활성화 시키고 노화를 지연시킬 수 있을까?

그렇다. '학습으로 우리의 신경이 바뀌는데, 즉 나이가 들어가며 새로운 학습이 줄어들면 신경세포의 수상돌기 수가 줄어들고, 사용하는 언어의 단어 수가 줄어들며, 생각의 다양성을 잃어 가고, 자기 주장만이 강해진다. 그러나 끊임없이 어렵지만 새로운 분야를 학습하는 사람은 나이가 들수록 사고의 영역이 확장되고 유연해지는데, 이는 학습을 통해 새로운 시냅스들이 계속 만들어지기 때문이다'며 학습과정에 대하여 '세포수준에서 일어나는 자극에 대한 반응'으로 박문호 박사님은 설명하고 있다.[16]

자, 지금부터 소매틱 운동을 시작해 보자.

호기심을 갖고, 움직임이 만드는 내부 감각에 주의를 집중하며, 천천히, 작고 편안한 만큼, 통증이 일어나지 않는 범위 내에서 과한 동작은 하지 않으며, 부드럽게 실시해 본다.

스스로 새로운 마음을 일으켜 소매틱 운동가운데 우리 몸의 자연스럽고 신비스러운 기능을 자각하며 탐색해 볼 때 우리 몸의 우주와 같은 기능들을 되찾고, 치유하며 회복해 갈 수 있다.

또한 소매틱 운동을 진행해가면서 근육감각의 미세한 변화가 있는지, 오른쪽과 왼쪽의 차이가 있는지, 또한 동작 실시 전과 후에는 차이가 있는지 등을 운동감각을 통해 느껴본다. 이때 순간 순간 마음의 상태, 스쳐가는 생각이나 고정된 생각이 반복되고 있다면 이 또한 알아차리며 내려놓고, 직접적인 신체 감각으로 주의를 둔다면 더욱 심신의 통합적 수련 시간이 될 것이라고 본다.

---

15) 신경가소성(神經可塑性, neuroplasticity)은 성장과 재조직을 통해 뇌가 스스로 신경회로를 바꾸는 능력이다. 신경가소성은 일생을 통해 끊임없이 변화하며, 우리의 뇌는 경험에 대한 반응으로 자기 스스로를 재설계 할 수 있는 능력을 진화시켜왔다(출처: https://ko.wikipedia.org/wiki/신경가소성)

16) 박문호, 『뇌과학의 모든 것』,(주)휴머니스트(2020). p.514.

1) Arch & Flatten(아치 & 플래튼)

(준비)

천장을 보고 바로 누워 호흡을 느껴본다. 호흡이 가장 많이 일어나는 부위가 어디인가? 들숨이 쉬운가 날숨이 쉬운가? 전체적으로 호흡이 내 몸 안에서 어떠한 느낌을 주는 알아차린다. 이제는 양쪽 무릎을 세운다. 양 무릎과 발은 약간 벌려서 허벅지에 힘이 들어가지 않도록 한다(하루종일 세워놔야 한다고 했을 때 가장 편안한 위치를 찾는다). 양팔은 몸통과 45도 정도가 되도록 편하게 바닥에 놓는다. 바닥에 등을 대고 누운 상태에서 시작한다. 양팔은 엉덩이 옆에 편하게 내려놓으면서 겨드랑이가 벌어져 견갑대가 어느 정도 벌어지게 하고, 두 다리는 골반넓이 만큼 벌려놓으면서 고관절과 대퇴부위의 편안함을 알아차려본다.

먼저 바닥에 닿아있는 몸통 뒷부분을 자각한다. 그리고 팔과 다리의 위치, 놓여 있는 모양 등을 알아차린다. 천천히 부드러운 호흡을 이어가면서 복부에 주의를 둔다.

한쪽 다리 씩 무릎을 구부려 천천히 발 뒤꿈치가 바닥에 이끌려오는 느낌에 주의를 두며(자동화된 몸의 패턴이 작동되어 동작 완성을 성취하려했던 조급한 마음을 알아차리고) 두 다리를 엉덩이 가까이 오도록 당겨 세운다. 이 상태에서 호흡을 길고 깊게 한 두 차례 한다.

(시작)

1) 양쪽 엉덩이에 사이에 있는 엉치뼈를 느껴본다. 천천히 엉치뼈를 아래쪽으로 바닥을 누르면서 골반을 아래쪽으로 굴린다. 이때 허리는 바닥에서 살짝 들리면서 아치 형태가 된다. 자연스럽게 코로 호흡을 들이마시면서 복부가 팽창되도록 해본다. 복부가 늘어나면서 천장을 향해 올라가고 골반은 조금 더 아래쪽으로 무게감과 함께 이동되는 움직임을 느껴본다.

2) 천천히 호흡을 뱉으면서 아치 형태의 허리가 바닥쪽을 지긋이 눌러 가까워짐을 느낀다. 천천히 골반이 머리쪽으로 굴러옴을 느끼면서 거의 제자리로 돌아왔을 때쯤 배꼽을 등쪽으로 당기면서 복부의 수축을 느껴본다(배꼽에서 치골부위까지의 연결 근육을 동시에 수축하면 더 명확한 감각을 느낄 수 있다). 갈비뼈는 살짝 벌어지면서 힘이 들어가는데 복부의 표층이 아닌 심층의 근육이 수축하는 것을 느껴본다(소변을 참는 근육을 동시에 수축하면 더 명확한 감각을 느낄 수 있다). 중요한 것은 윗몸일으키기를 할 때처럼 복부가 짧아지거나 튀어나오면 안 된다.

3) 다시 1)을 반복하면서 허리의 아치 형태가 등쪽으로 넓어짐을 느껴본다. 반대로 앞쪽은 복부뿐만 아니라 가슴까지 늘어남을 느낀다. 자연스럽게 머리까지 딸려가면서 턱은 아래쪽으로 살짝 당겨진다.

4) 다시 2)를 반복하면서 허리뿐만 아니라 등쪽이 지면을 누르게 되는지 알아본다. 또한 복부를 등쪽으로 당기는 근육(심부 코어)의 수축감이 더 향상되었는지도 알아본다.

들숨에 배가 부풀어 오르는 느낌으로 숨을 가득 마시면서 꼬리뼈를 바닥으로 천천히 밀면서 허리(요부)부위를 아치를 만들어본다. 이때 꼬리뼈가 바닥을 지긋이 누르고 있는 순간 골반의 장골능이 천장 쪽으로 들리는 골반의 모양 변화를 자각한다(전방전위 anterior tilt). 동시에 턱을 가슴방향으로 살짝 당기면서 목(경추) 뒤가 길어지는 느낌이 들게 한다. 이때 등 뒤와 허리에서의 근 수축감, 얼굴 악관절에서 목 앞쪽 흉쇄유돌근에서의 수축감을 뇌가 인지할 수 있도록 자각해본다.

천천히 날숨에 허리가 바닥에 평평하게 닿게 하면서 동시에 턱이 살짝 들리며 경추가 바닥에서 들리는 것을 느껴본다. 이때 천천히 숨을 내쉴 때 복부근육의 수축감을 자각해본다.

파도가 물결을 만들 듯이 척추라인 전체의 경추, 흉추, 요추, 골반의 움직임을 부드럽게 천천히 움직이며 이때 몸의 무게감 이동, 바닥과의 접촉면의 변화, 흉곽의 열리고 닫히는 느낌 등 몸전체를 자각해보면서 알아차림하고 이때 마음은 어떠한지, 그리고 몸의 움직임 가운데 스쳐가는 생각이 있다면 내려놓는다. 온전히 지금 여기에서 온전히 존재함을 몸을 통해 자각해보며 휴식을 취한다.

5) 가능한 작고 편한 범위에서 천천히 호흡과 함께 실시하며, 몸의 움직임 과정을 자각하며 천천히 약 3~4회 반복한다. 반대쪽도 같은 방법으로 한다.

(마무리)

아취엔 플래튼 두 동작의 반복을 마치면, 무릎을 피고 두 다리를 쭉 편다. 허리부위를 편하게 바닥에 내려놓고, 척추의 중립상태를 유지하며 천천히 배로 호흡을 한다. 그리고 몸통의 등 부위 신전근과 앞쪽의 굴곡근이 시작 전과 다르게 느껴지는지, 아니면 동일한지 자각해본다.

2) Arch & Curl(아치 & 컬)

(준비)

천장을 보고 바로 누워 호흡을 느껴본다. 호흡이 가장 많이 일어나는 부위가 어디인가? 들숨이 쉬운가 날숨이 쉬운가? 전체적으로 호흡이 내 몸 안에서 어떠한 느낌을 주는지 알아차린다.

1) 이제는 한 쪽 다리씩 무릎을 구부려 천천히 발 뒤꿈치가 바닥에 이끌려오는 느낌에 주의를 두고 두 무릎을 세워본다. 양 무릎과 발은 약간 벌려 두고, 허벅지에 힘이 들어가지 않도록 한다.

(시작)

2) 들숨에 복부에 숨을 채우는 느낌으로 마시면서 허리부위의 만곡을 만들면서 꼬리뼈가 아래쪽, 그리고 바닥을 지긋이 누르며 골반이 굴러 움직여지도록 허용한다. 이때 허리 요부의 근육이 수축된 느낌, 앞쪽 배에서의 신장된 느낌에 주의를 두며 인지해본다.
3) 날숨에 천천히 허리부위를 바닥으로 내리며 이완하면서 허리가 바닥에 평평하게 놓게 하면서 깍지를 낀 손으로 머리를 받치며 머리를 들어올린다. 이때 어느 부위에서 강한 수축감이 느껴지는가? 얼굴의 악관절, 흉쇄유돌근, 가슴뼈를 지나 복근에서 치골부위까지의 연결된 근육에서 강한 수축감을 느껴볼 수 있는가? 이때 동시에 몸 뒤에서의 목과 어깨, 등쪽 신전근의 감각들도 인지해본다.
4) 천천히 들숨에 허리부위를 살짝 들어올려 만곡을 만들면서 2) 동작을 반복한다. 3–4번 반복한다.

(마무리)

다리와 팔을 펴고 천장을 보고 편안하게 누운 이 상태에서 호흡을 길고 깊게 한두 차례 한다. 척추의 중립을 자각해보고, 허리의 감각을 느껴본다. 바닥에 더 가까워지고 편안해졌는가? 복부를 느껴본다. 호흡이 처음에 비해 더 잘 느껴지는가? 이 동작을 하기 전과 지금 내 기분은 어떻게 변했는가? 탐색해본다.

본 아취 엔 컬 동작을 통하여, 악관절의 긴장 선에서부터 가슴과 복부를 지나 치골부위까지의 연결부위에서의 근육과 근막, 미주신경 다발, 그리고 횡격막의 수축과 이완 이후 신장이 가능해질 수 있을까? 상체가 앞으로 구부러지고 어깨가 몸 쪽으로 말리고 무릎이 구부러 진 빨간등 반사와 같은 신체자세의 변화가 완화될 수 있을까? 심리적인 긴장감과 우울감으로 부터 조금 더 나아질 수 있을까?

많은 심리적인 문제들(불안, 우울)을 겪는 사람들은 복부 근육의 비정상적인 수축 또는 풀림이 있을 수 있다. 이로 인해 호흡이 짧아지고 심리적인 문제는 더 고착된다. 이 동작을 통해 허리를 편안하게 하고 복부를 활성화시켜 복식호흡이 된다면 심리적인 안정감을 유도할 수 있다.

매일 15분 동안 천천히 부드럽게 근육의 수축,이완과 동시에 마음을 살펴보고 탐색해보자.

ARCH & CURL

3) Back Lift(백 리프트)

(준비)

바닥에 엎드려 누운 자세를 취한다. 엎드려 누운 자세에서 호흡을 길게 천천히 들이마시고 천천히 내쉰다.

바닥에 닿아있는 몸 부위의 신체감각을 자각해본다. 바닥과의 접촉면에서 느껴지는 몸의 굴곡감, 무게감, 공간감각 등 직접적인 신체감각을 탐색해보고 천천히 숨을 마시고 내쉬면서 온 몸에 힘을 떨구며 긴장을 풀어본다(예를 들면 오른쪽 겨드랑이와 가슴은 지면에서 살짝 들려있고, 왼쪽은 닿아있을 것이다).

1) 복부를 바닥에 대고 엎드린 상태에서 오른팔을 접어 얼굴을 받친다. 얼굴은 오른쪽을 향하고, 오른손 등위에 왼쪽 뺨이 오도록 한다. 왼팔은 골반 옆쪽에 나란히 펴 놓는다.

(시작)

1) 천천히 오른쪽 팔꿈치를 지면에서 살짝 들어 올린다. 이때 손바닥이 지면을 더 누르게 되는지 또는 몸 전체의 체중이 약간 왼쪽으로 이동되는지 느껴본다. 그리고 오른쪽 견갑골이 수축하는 느낌에 대해서도 알아본다.
2) 오른쪽을 바라본 방향을 유지한 채 머리를 천천히 들어 올린다. 이때 손바닥과 팔꿈치가 지면을 누르며 지지대 역할을 하고 있는지 느껴본다. 머리를 들어 올릴 때 지면을 더 누르게 되는 부위와 반대로 바닥에서 들리면 부위를 알아본다. 아기가 엎드려 머리를 들어 가누며 세상을 탐색하듯이 천천히 오른쪽으로 들어올려 천장을 향하듯 바라본다.
3) 이번에는 머리와 팔을 동시에 들어 올린다. 손등으로 머리를 받쳐 올린다는 느낌으로 올라오고 머리와 목에는 힘을 뺀다. 마찬가지로 바닥을 누르는 부위와 바닥에서 들리는 부위에 대해서 알아본다. 그리고 오른쪽 어깨에서 겹갑대와 허리를 지나 왼쪽 골반까지 어떻게 연결되어 움직여지는지, 그리고 신전근의 수축감을 인지해볼 수 있는가? 또한 몸통의 중심, 즉 체중이 어디로 이동했는가? 왼쪽 골반에서의 무게감을 자각할 수 있는가? 혹시 대퇴, 무릅, 발등까지의 무게감도 탐지할 수 있을까?
4) 이번에는 상체는 가만히 있고 왼쪽 다리를 무릎을 편 채로 가볍게 들어본다. 아주 가볍게 들어 올리면서 이 움직임이 3)과 어떻게 연결되는지 느껴본다(오른쪽 허리와 견갑대의 수축이 느껴지는지).
5) 이제는 호흡을 천천히 들이마시면서 왼쪽 다리와 오른팔 그리고 머리를 동시에 천천히 들어올린다. (3번과 4번을 동시에). 아주 미세하게 움직이면서 움직임들이 어떻게 조화를 이루며 균형을 맞추는지 자각하면서 시행한다. 호흡을 내쉬면서 천천히 제자리로 돌아온다.

   작고 편한 범위에서 느린 속도로 호흡과함께 3-4회 정도 반복한다. 반대쪽도 같은 방법으로 한다.

(마무리)

천장을 보고 바로 누워 지면과의 관계를 느껴본다. 왼쪽과 오른쪽의 차이가 있는지 느껴본다. 어느 부분이 더 바닥에 가깝게, 그리고 더 넓게 느껴지는가? 방금 했던 움직임의 이미지가 느껴지는가?
내려온 자세에서 온몸에 힘을 뺀 채 이완하고 등 전체의 근육 감각을 탐색해본다. 그 감각이 처음과 차이가 있는지, 혹은 동일한지, 차이가 있다면 어느 부위에서 더 느껴지는가?

1

2

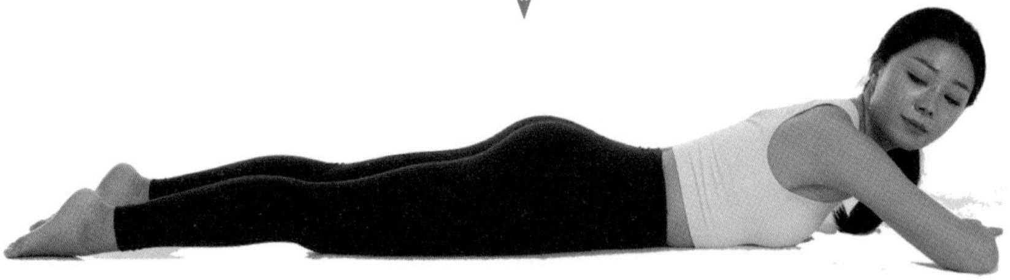

3

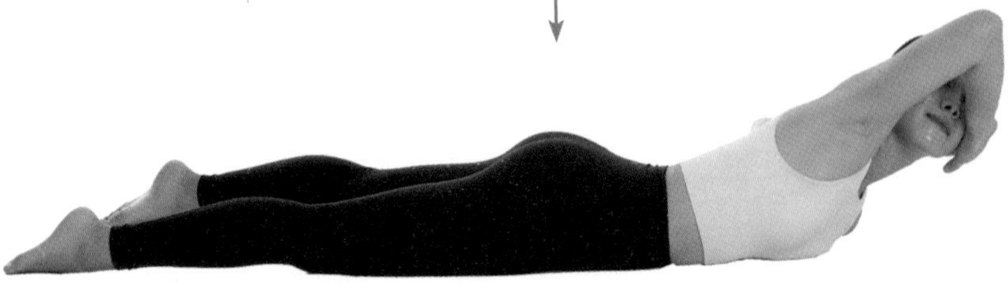

왼쪽 상체와 오른쪽 다리를 들어 올리거나, 내릴 때 얼마나 비슷한 속도로 천천히 들어올리거나 내릴 수 있는가? 이때 바닥에 닿아있는 복부에서의 무게감과 중심이동, 지면과의 접촉된 복부근육에서의 늘어난 느낌을 알아차리고, 이때 등 뒤 척추기립근의 수축감을 탐색해본다. 날숨에 천천히 오른쪽 상체와 왼쪽 다리를 같은 속도로 내리면서 이때 등 전체 근육에서 이완되어 가는 느낌을 탐색해 본다. 가능한 작고 편한 범위에서 천천히 호흡과 함께 실시한다.

4

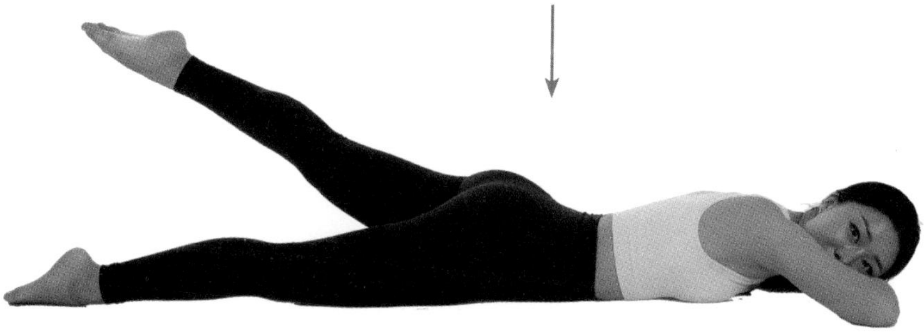

5

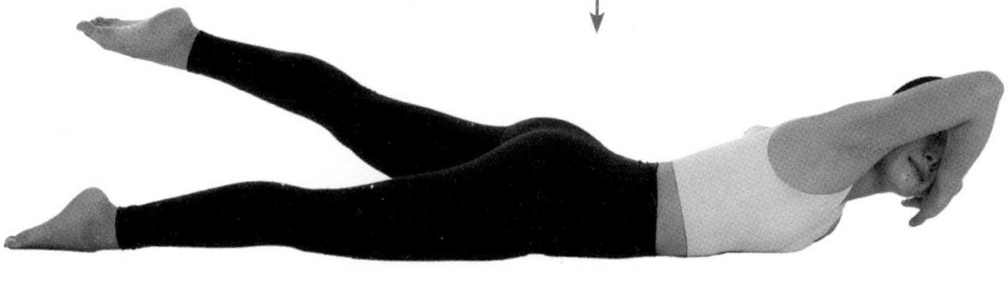

6

4) Diagonal Arch & Curl(사선 아치 & 컬)

(준비)

바닥에 등을 대고 누운 상태에서 오른쪽 다리, 왼쪽 다리를 천천히 끌어당겨 뒷꿈치를 허벅지 가까이에 놓고 두 다리를 세워놓는다.

1) 오른손은 머리 뒤에 바닥에 놓고 머리를 받치며, 왼손은 오른쪽 무릎에 살짝 올린다.

(시작)

2) 들숨에 허리가 바닥에서 살짝 떨어져 아치모양을 이루게 하며 배에 숨을 가득 넣은 듯 한 뒤 내쉬는 숨에 손으로 받친 머리를 오른쪽 무릎 가까이 들어올려보며, 동시에 오른쪽 다리를 머리쪽으로 당겨본다. 이때 허리까 바닥에 편편하게 닿는 느낌, 복근의 수축감과 함께 엉덩이와 꼬리뼈에서의 중심 이동과 무게감, 동시에 등의 신전근에서 느껴지는 감각들을 자각해본다.

3) 들숨에 천천히 머리와 다리를 내려놓는다. → 이 동작을 세 번 한다.

4) 이번에는 왼손을 왼쪽 무릎에 살짝 올려놓고, 들숨에 허리가 바닥에서 살짝 떨어져 아치모양을 이루게 한 뒤, 내쉬는 숨에 오른 손으로 받친 머리를 왼쪽 무릎 가까이 사선모양으로 들어올려 보며, 동시에 왼쪽 무릎도 머리방향으로 들어올인다. 들숨에 천천히 머리와 다리를 같은 속도로 내려놓는다. 이때 왼쪽허리에서의 수축감, 오른쪽 견갑부분 아래의 등 신전근에서의 느낌, 복부에서의 수축감, 동시에 허리뒷부분의 바닥과의 관계 변화, 엉덩이와 꼬리뼈에서의 중심이동과 무게감 변화 등을 탐색할 수 있는가?

   반대 방향도 동일한 방법으로 3번 한다.

5) 이번에는 두 다리를 엉덩이 가까이 세운 기본자세에서, 양 팔을 머리뒤에 받치고, 먼저 숨을 깊에 들이마시면서 바닥에 닿아있는 허리부위에 아치모양을 만들어본다. 내쉬는 숨에 머리를 천천히 작고 편한 만큼 들어올린다. 앞쪽 굴곡근에서의 수축된 느낌들을 자각한다. 천천히 들숨에 머리를 바닥에 내려놓는다.

6) 이번에는 들숨에 허리를 아취를 만들며 골반과 꼬리뼈의 중심이동과 무게감을 탐색해보고, 날숨에 허리를 바닥에 지긋이 누르며, 머리를 두 팔로 받친상태에서 들어올리고 동시에 두 무릎을 머리방향으로 당겨들어본다. 이때 복근에서의 수축 된 감각들, 등 부의의 신전된 감각들을 자각해본다. 들숨에 머리와 다리를 천천히 같은 속도로 내려놓는다.

(마무리)

내려온 자세에서 팔과 다리를 펴고 쉬는 자세를 취한다. 몸에 힘을 뺀 채 이완하고 몸에 힘을 뺀 채 이완하고 복부 근육 감각의 변화를 탐색해본다. 그 감각이 처음과 차이가 있는지, 혹은 동일한지, 차이가 있다면 어떤 감각의 차이인가?

호흡을 깊고 길게 천천히 한두 차례 한다.

DIAGONAL ARCH & CURL

5) Side Bend(측굴) 허리근육

(자세)

옆으로 눕는다. 오른팔을 위로 향하여 머리를 받친다. 옆으로 누운 이 자세에서 몸통은 바닥과 어떤 관계를 이루고 있는가? 어느 부위가 지면에 닿아있고 어느 부위는 만곡을 이루고 있으며, 무게감, 방향감은 어떠한가?

1) 두 무릎을 골반위치까지 끌어올려 몸통과 골반, 골반과 무릎이 각 각 90도 각도(ㄱ자)가 되도록 한다. 오른 손은 엉덩이 위에 올려놓는다. 무릎은 골반 위치까지 올려 90도 각도(ㄱ자)를 유지한다. 왼팔은 팔베개를 해서 위로 쭉 뻗는다(팔을 그냥 앞쪽으로 뻗고 베개를 베도 괜찮다), 오른손은 머리 위를 감싸 잡는다.

(시작)

1) 오른 손으로 머리를 감싸듯 왼쪽 귀 가까이 놓고 들숨에 머리를 천천히 들어올린다. 이때 허리 근육이 수축되면서 짧아지는 느낌에 주의를 기울인다. 머리를 너무 과도하게 꺽지 않는다. 왼쪽(바닥쪽) 옆구리가 바닥으로 누르며 길어진다는 느낌으로 올라온다. 이때 오른쪽 옆구리, 허리부위에서 짧아지듯 수축되는 느낌이 느껴지는가? 허리 근육이 충분히 수축하면 호흡을 내쉬며 제자리로 천천히 돌아온다.
2) 호흡을 들이마시며 천천히 발과 종아리를 들어 올린다. 이때 무릎은 뜨지 않으며 위에서와 마찬가지로 왼쪽 옆구리가 바닥을 누르며 골반이 회전되는 것을 느낀다. 이때 골반 움직임 감각, 옆구리 근육의 수축감을 자각해본다.
   오른쪽 허리 근육이 충분히 수축하면 호흡을 내쉬며 천천히 제자리로 돌아온다.
3) 호흡을 들이마시며 천천히 1), 2)의 동작을 동시에 한다. 이때 골반과 겨드랑이가 가까워지는 느낌으로 움직임을 시행한다. 여전히 왼쪽 옆구리는 길어지고 오른쪽은 짧아진다. 허리 근육이 충분히 수축하면 호흡을 내쉬며 제자리로 돌아온다. 머리와 다리는 얼마나 같은 속도로 올리고 내려 올 수 있는가? 수축감은 어느 정도로 느끼고 있는가?
4) 3)번과 같은 동작을 하면서 주시대상을 변경시켜본다. 머리와 골반을 들어 올리면서 팔베개를 하고 있는 왼쪽 팔이 위로 길어지는 느낌을 받는다. 허리 근육이 충분히 수축하면 천천히 제자리로 돌아와서 이번에는 반대로 구부러져 있는 오른쪽 다리를 아래로 쭉 핀다. 이때 골반은 아래쪽(다리쪽)으로 길어지게 한다. 허리가 충분히 늘어나는 느낌을 느껴본다.
   본 동작을 3-4번 반복한다.
   반대방향도 동일하게 실시해 본다.

(마무리)

팔과 다리를 펴고 천장을 보고 편안하게 눕는다. 오른쪽과 왼쪽의 차이를 자각한다. 어느 쪽의 팔, 다리, 허리가 길어진 느낌이 있는지 알아본다. 몸통 측면 옆구리 근육들의 감각에 변화가 느껴지는가? 호흡은 어떠한가도 인지해본다.

SIDE BEND

6) The Washrag(온몸 관절 비틀기)

양쪽 무릎이 한쪽 방향으로 기울여질 때 몸통이 구르듯 회전되는 느낌이다. 즉 동시에 머리와 어깨, 상체가 골반과 반대쪽으로 비틀려 움직이는 동작이다.
이를 통해 목, 어깨, 등, 옆구리, 골반, 대퇴, 무릎, 정강이, 발목, 발까지 상호 비틀린 자세에서 관절의 가동범위가 어느 만큼 가능한지 탐색해보면서, 등, 옆구리, 복부의 근육이 신장되고 이완되는 느낌을 인지해 볼 수 있다.

(준비)

천장을 향해 바닥에 누운 자세를 취한다.

1) 먼저 한쪽 다리씩 뒷꿈치를 천천히 끌어당겨 바닥에서 끌리는 느낌으로 무릎을 세워 뒤꿈치가 엉덩이에 가깝게 두 무릎을 세워 놓고, 양팔은 벌려 견갑대가 바닥에 적정하게 벌어지도록 편안하게 양 옆으로 뻗어 놓는다.

(시작)

2) 오른쪽 손목에서부터 팔꿈치, 어깨까지 돌돌 말린다는 느낌으로 팔 전체를 위쪽(머리쪽)으로 회전시킨다. 오른팔이 비틀리면서 바닥에서의 공간이 생기는 것을 감지해본다. 이때 머리가 자연스럽게 오른쪽으로 딸려가지 않는가? 그대로 자연스럽게 머리를 오른쪽으로 따라가 회전시켜본다. 손목, 팔꿈치, 어깨 그리고 머리가 연결되어있는 움직임을 자각해본다. 그리고 다시 제자리로 돌아온다.
3) 2)의 움직임과 동시에 왼쪽 손목에서부터 팔꿈치, 어깨까지 오른쪽 움직임의 반대쪽인 아래(골반)로 회전시킨다. 이때 2)와 마찬가지로 머리가 오른쪽으로 돌아가는가? 그리고 1)의 움직임이 더 쉬워지는가? 왼팔과 오른팔이 쇄골과 견갑골 부위에서 자연스럽게 통합되어 마치 수건을 비트는 느낌이 드는가? 그리고 다시 제자리로 돌아온다.
4) 이번에는 2)를 3)을 하는 동안 자연스럽게 양 무릎을 왼쪽으로 기울여본다. 무릎의 기울여짐이 몸통(척추)과 머리를 아래쪽으로 끌어당기는 느낌이 드는가? 그리고 이러한 느낌과 동시에 왼팔과 오른팔의 움직임을 더 확장시킬 수 있는가? 양팔의 회전이 강해져서 수건을 비트는 느낌이 더 강하게 드는가? 그리고 다시 제자리로 천천히 돌아온다.
5) 마지막으로 호흡과 함께 움직임을 진행해본다. 무릎을 기울이면서 팔을 회전시키며 호흡을 내쉰다. 그리고 호흡을 들이마시면서 제자리로 돌아온다.
반대쪽도 동일하게 한다. 3-4번 반복해본다.

(마무리)

천장을 보고 제자리로 돌아와 중립자세를 취하고 몸에 힘을 뺀 후 이완해본다. 등 전체와 양팔에서의 근육감각과 바닥과의 관계를 알아본다. 얼마만큼 등이나 팔이 바닥에 더 닿는 느낌이 드는가? 또 왼쪽과 오른쪽도 비교해본다. 어느 쪽이 바닥과 더 가까워졌는가? 아니면 도일한가? 바로 했던 움직임의 이미지가 그려지는가? 그리고 팔의 비틀리는 듯한 움직임에서 어깨, 몸통, 골반, 무릎, 발목까지의 연결되어 움직여진 근육들의 감각이 인지되는가? 본 동작을 하기 전과 후에 비교해 보때 차이나 변화가 일는가?

7) Inversion and Eversion of the Feet(고관절과 발목, 내번 외번)

(준비)

바닥에 등을 대고 누운 상태에서 시작한다. 양팔은 엉덩이 옆에 편안하게 내려놓고, 두 다리는 골반넓이 만큼 벌려놓는다.

(시작)

1) 오른쪽 발을 몸 중앙 방향으로 내번(inversion)하면서 왼쪽 무릎 정도까지 천천히 들어올린다. 이때 고관절과 연결되어 있는 오른쪽 허벅지 안쪽 근육에서의 긴장감을 느껴보면서, 골반의 무게중심이 오른쪽으로 이동되어 바닥을 누르는 느낌, 왼쪽 옆구리와 등이 늘어나면서 바닥에서 살짝 떨어지는 공간감을 느껴보며 허용해본다. 이때 어깨는 어떠한지 감지해본다. 왼쪽 어깨가 살짝 들뜨며 비틀려지는 느낌이 들지 않는가? 얼굴은 또한 어떠한가? 살짝 비틀리는 어깨 감각에 따라 얼굴방향이 살짝 왼쪽으로 기울여지는 것을 허용해본다. 자세, 무게중심, 방향의 이동 및 변화를 통해 몸을 탐색해본다.
2) 천천히 올린 오른쪽 다리를 원위치로 내려놓는다. 이때 허리가 신전되었다가 이완되는 느낌, 엉덩이 고관절의 중립자세를 자각해본다.
3) 이번에는 오른쪽 발을 들어 몸 바깥 방향으로 외번(eversion)시키며 들어올리며 무릎이 왼쪽 무릎 방향을 향하게 한다.
   이때 옆구리에서 허벅지 바깥부위에서의 긴장감을 느껴보면서, 골반의 무게중심 이동, 오른쪽 등과 늑골부위의 늘어나는 느낌과 함께 들림, 동시에 왼쪽 옆 전체 라인으로 체중이 이동되고, 오른쪽 어깨가 살짝 들리면서 비틀려지지 않는가? 얼굴방향은 어디를 향하게 되는가? 몸이 연동되어 자연스럽게 기능적으로 움직여지는 관절들의 모형, 무게중심, 방향 등의 변화를 탐색해본다.
4) 올린 오른쪽 다리를 원위치로 천천히 내려놓는다. 이때 옆구리에서 대퇴부위 근육이 수축되었다가 이완되는 느낌, 엉덩이 고관절의 중립자세를 자각해본다.
   본 동작을 3-4번 반복해본다.
   반대쪽 방향도 실시한다.

(마무리)

팔과 다리를 바닥에 내려놓고, 온 몸에 힘을 빼며 호흡을 자각하며 이완시켜본다. 바닥과의 접촉면, 무게감, 몸의 방향 등을 느껴본다. 본 동작을 수행하기 전과 후에 몸의 감각은 차이가 있는가? 허리나 골반에서 이완감을 느껴 볼 수 있는가?

INVERSION AND EVERSION OF THE FEET

8) The Flower(꽃 개화)

(준비)

바닥에 등을 대고 누운 상태에서 양팔을 벌려 편안하게 놓는다. 들숨과 날숨을 자각하며 호흡을 이어가면서 복부에 주의를 잠시 둔다.

1) 두 무릎을 천천히 세워 뒷꿈치를 허벅지 가까이 놓고 다리를 세워놓는다.

(시작)

2) 들숨에 복부에 숨을 채우는 느낌으로 마시면서 허리부위의 만곡을 만들면서 꼬리뼈가 아래쪽, 그리고 바닥을 지긋이 누르며 골반이 굴러 움직여지도록 허용한다. 이때 턱은 살짝 당기면서 목 뒷부분이 바닥에 편편해지는 느낌을 자각해본다.
3) 내 쉬는 숨에 허리를 바닥에 편편하게 닿게 하면서 턱이 살짝 들리며 목이 바닥에서 부드럽게 만곡을 이루는 것을 허용한다. 동시에 양 손과 팔, 팔꿈치을 바닥 쪽으로 돌돌 말리는 느낌으로 어깨까지 몸통 안쪽으로 돌려본다(엄지손가락이 바닥에 닿으며, 소흉근이 몸통쪽으로 말리는 느낌). 이때 몸통 앞쪽 복부 근육에서의 수축감을 자각해본다.
4) 숨을 들이 쉬며 배에 숨을 채우는 느낌으로 그리고 허리의 살짝 만곡을 이루면서, 복부에 힘을 빼면서 말려있는 양쪽 어깨, 팔꿈치, 손목, 손가락을 벌려 몸에서 멀어지게 펴고, 동시에 양 무릎이 양 바닥을 향하도록 벌려내려 놓으면서 발바닥이 마주닿게 해본다. 이때, 횡격막부위, 팽팽해진 복부에서부터 연결되어 있는 허벅지 안쪽 대퇴의 근육들(장요근 포함)을 이완하며 자각해본다.
5) 숨을 내쉬면서 허리를 바닥에 닿게 하며 양 무릎을 천천히 원위치로 세워 올린다.
   호흡과 함께 근육의 감각들을 살펴보면서 3-4회 반복한다.

(마무리)

아취 엔 플랫튼 자세에서 척추의 만곡을 느낄 수 있는가?

플라워동작 즉 들숨에 복부가 살짝 올라오고, 펴지는 팔은 몸에서 멀어지고, 동시에 두 무릎이 바깥쪽으로 벌려지는 본 동작 가운데, 복부와 허벅지 안쪽 근육에서의 이완감을 느껴볼 수 있는가? 고관절을 좌우 바닥으로 벌림 자세는 편안하게 이루지지고 있는가? 상체와 하체를 연결해주는 장요근의 이완을 느낄 수 있는가?

THE FLOWER

9) Sking(스키타기)

(준비)

바닥에 등을 대고 누운 상태에서 시작한다. 양팔은 엉덩이 옆에 편안하게 내려놓고, 두 다리는 골반넓이 만큼 벌려놓은 상태에서 양 다리를 끌어 올려 세워놓는다. 앞 동작 고관절과 다리근육통제에서 실시했던 발목의 내번(inversion)과 외번(eversion)을 동시에 응용하여 머리에서부터 경추, 척추의 작은 비틀림, 골반, 무릎, 발목의 방향 및 무게중심 이동이 연동적으로 일어나는 것을 자각해 볼 것이다.

(시작)

1) 먼저 두 발을 모은 자세에서 두 무릎을 오른쪽 바닥으로 천천히 기울여본다. 머리가 왼쪽으로 기울여지고 왼쪽 어깨와 허리가 들뜨게 되며 몸이 살짝 비틀리는 것을 허용해 본다. 무게감은 어디서 어떻게 변화되고 있는가?
2) 천천히 두 무릎을 세우고 시작 자세로 돌아왔을 때 오른쪽과 왼쪽의 무릎, 골반, 등 부위의 감각의 변화나 차이를 느껴본다.
3) 이번에는 두 무릎을 왼쪽 바닥으로 천천히 기울여 본다. 마찬가지로 이때 골반과 허리가 바닥과 어떤 모양의 관계를 이루며 어깨는 어떻게 움직여지고 있는지, 무게감은 어떻게 변화되고 있는지 탐색해본다.
4) 이번에는 천천히 혹은 박자에 맞춰 리드미컬하게 오른쪽, 왼쪽 번갈아 가면서 움직여 본다. 이때 골반의 회전을 탐색해본다.
   동작을 3-4번 반복하며 탐색해 본다.

(마무리)

동작을 멈추고, 두 팔과 다리를 편 채로 누워서 몸에 힘을 빼고 이완해본다. 무릎, 골반, 허리 등에서 남아있는 감각들도 느껴본다. 골반이나 허리, 요부에서의 이완감을 느껴볼 수 있는가? 우리가 평소 한 걸음 걸음마다 혹은 스키를 탈 때 지금의 수련동작에서처럼 몸이 연동적으로 움직여졌던 기능적 움직임들을 얼마나 기억해 볼 수 있는가?

1

2

3

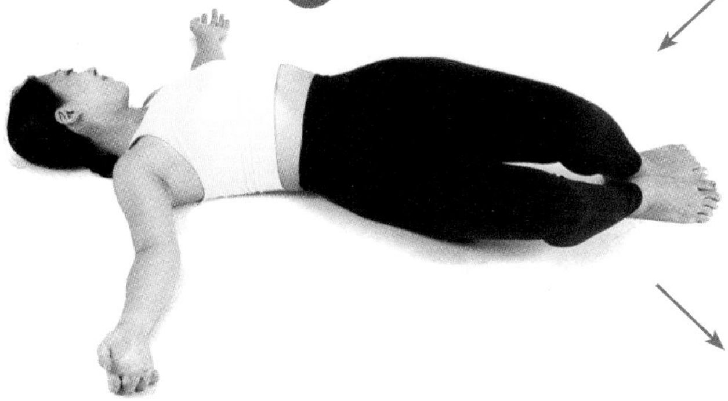

4

5

6

10) Waking Lessions(워킹 레슨)

(준비)

천장을 향해 바닥에 누운 자세를 취한다. 양 팔은 편하게 옆으로 펼쳐 둔다. 온몸에 힘을 빼며 이완해 본다.

1) 먼저 한 쪽 다리씩 뒷 꿈치를 천천히 끌어 올려 두 무릎을 세워 놓고 발을 고관절의 두 배 정도로 넓게 벌린다. 양 팔은 편하게 옆으로 펼쳐둔다.

(시작)

2) 천장을 향해 바닥에 누운 자세에서 숨을 마시었다 내 쉬는 호흡에 천천히 오른 무릎을 몸 중심 안쪽으로 기울여 왼쪽 발뒤꿈치를 향하게 내려 본다. 오른쪽 허리와 골반이 바닥에서 살짝 들리는 동시에 골반 앞의 왼쪽 장골능이 천장에서 왼쪽 방향으로 기울여 지는 것을 느낄 수 있는가? 오른쪽 골반의 관골구에서 대퇴 골두가 구르는 것 같은 느낌을 탐색할 수 있는가? 이때 오른쪽 무릎의 원 모양이 어떻게 비틀려지고 있는가? 또한 발목 관절이 내측으로 약간 기울여지며 움직여지고 있는가?

   무릎이 왼쪽으로 기울여질 때 오른쪽 옆구리와 허리부위의 근육이 늘어난(신장) 상태를 자각하며 마시고 내쉬는 숨에 이완되게 해본다.

3) 이때 상체에서 어떤 작용이 일어나고 있는지 탐색해본다. 왼쪽 어깨의 힘이 들어가면서 바닥을 향해 눌려지지 않는가? 원 자세로 돌아와 가능한 바닥에 편안하게 중립을 유지시켜본다. 2-3번 반복해본다.

   반대 방향도 실시해본다.

4) 이번에는 오른쪽과 왼쪽 다리를 교차해 가면서 마치 걸음을 걸어가듯 천천히 리드미컬하게 반복한다. 2-3번 반복한다.

(마무리)

다리를 세운 채 처음의 시작 자세로 돌아온다. 본 동작을 실시하기 전과 후의 무릅, 엉덩이와 허리에서의 감각의 차이가 느껴지는가? 본 동작을 교차했을 때 골반, 허리, 몸통까지의 연동적인 움직을 기억할 수 있는가? 골반과 허리에서의 이완감을 느껴볼 수 있는가?

1

2

3

4

11) The Shrug(어깨 풀기) 기초

(준비)

1) 딱딱한 의자 혹은 바닥에 앉는다. 천천히 호흡을 들이쉬고 내쉰다. 몸에 힘을 빼고 긴장을 풀어본다. 정수리에서 경추, 흉추, 요추 그리고 꼬리뼈까지 척추 라인과 정열을 자각해 보면서 척추 만곡을 따라 신체 지도를 그려본다. 그리고 허리의 자연스러운 만곡을 느껴보며 중립자세를 만든다. 양쪽의 좌골결절이 의자 혹은 바닥에 닿아있는가?

(시작)

2) 천천히 오른쪽 어깨를 귀 쪽으로 끌어 올려 본다. 이때 머리는 중립을 취하며, 오른쪽 어깨 승모근에서의 팽팽한 수축감, 오른쪽 늑골이 마치 위로 늘어난 것 같은 느낌을 알아차린다.
호흡을 자각하면서 부드럽게 들어 올린 어깨를 원위치로 천천히 내려 본다.
호흡을 부드럽게 자각하며 천천히 2-4번 반복한다.
어깨를 원 위치로 돌아왔을 때의 어깨 승모근에서의 변화를 느껴본다.

3) 이번에는 오른쪽 어깨를 마치 오른쪽 어깨가 귀에서 멀어지는 느낌으로 아래방향으로 끌어내려본다. 이때 오른쪽 옆구리 근육에서의 단축된 느낌이 드는가? 호흡을 자각하면서 천천히 부드럽게 원위치로 돌아온다.
호흡을 부드럽게 자각하며 천천히 2-4번 반복한다.

4) 이번에는 오른쪽 어깨를 앞쪽으로 천천히 밀어본다. 어깨가 앞쪽 방향으로 늘어난 느낌이 드는가? 목에서부터 어깨 관절 끝까지 길어져 앞쪽으로 늘어난 느낌이 드는가?(= 가슴 흉골에서 시작된 쇄골과 어깨 소켓 관절까지의 사이가 앞쪽으로 길게 늘어난 느낌이 드는가?)
천천히 부드럽게 호흡을 자각하면서 오른쪽 어깨를 원위치로 천천히 되돌아 온다.
호흡을 부드럽게 자각하며 천천히 2-4번 반복한다.

5) 이번에는 오른쪽 어깨를 뒤로 천천히 밀어본다. 등의 척추 중앙선 가까이 어깨를 밀어보면서 상부승모근, 능형근 부위에서의 수축감을 느껴본다. 그리고 천천히 원 위치로 돌아온다.
호흡을 부드럽게 자각하며 천천히 2-4번 반복한다.

6) 끝으로 양 어깨를 동시에 위로 끌어올려 본다. 이때 양 어깨에서의 수축감을 느껴본다.
천천히 호흡과 함께 원위치로 돌아온다. 호흡을 부드럽게 자각하며 천천히 2-4번 반복한다.

(마무리)

모든 어깨 풀기 동작을 끝내고 초기의 중립자세로 돌아온다. 동작을 마친 후 가만히 앉아 어깨에 남아있는 감각을 느껴본다. 한쪽 어깨와 반대쪽 어깨의 감각을 비교해본다. 어떠한 차이가 있는가? 어깨가 조금 더 가벼워졌는가? 귀로부터 어깨까지의 거리가 어떻게 바뀌었는가? 팔이 더 길게 느껴지는 쪽이 있는가? 있다면 어느 쪽인가? 호흡을 자각해 본다. 호흡이 어느 쪽에서 더 잘 일어나는가?

THE SHRUG

1

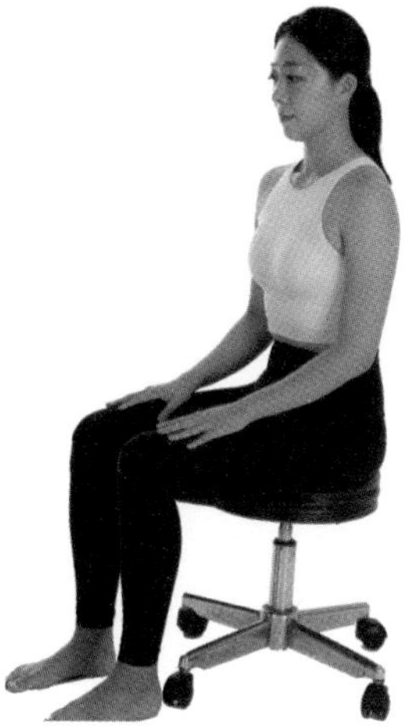

2

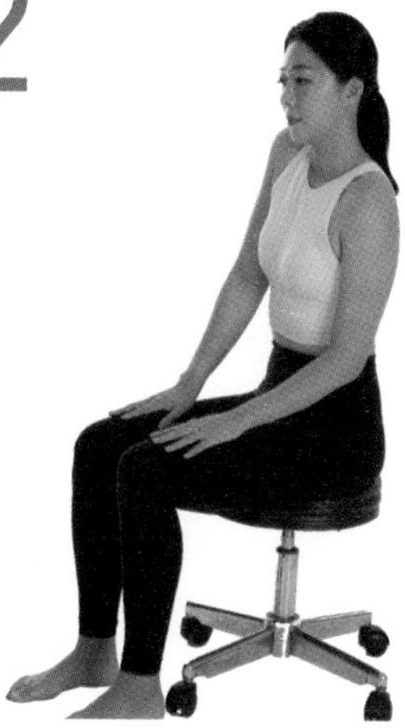

3

4

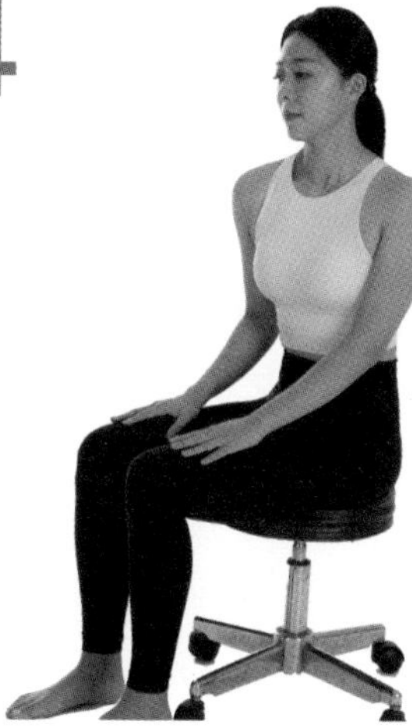

5

6

12) The Trapezius & Levator scapula(승모근 & 견갑거근, 어깨이완)

(준비)

1) 딱딱한 의자 혹은 바닥에 앉는다. 천천히 호흡을 들이쉬고 내쉰다. 몸에 힘을 빼고 긴장을 풀어본다. 허리의 자연스러운 만곡을 느껴보며 척추라인을 세워 중립자세를 만든다. 양쪽의 좌골결절이 의자 혹은 바닥에 닿아있는가? 바닥에 닿아있는 엉덩이 부분에서 몸의 중심을 찾아보라.
천천히 호흡을 들이쉬고 내쉰다. 몸에 힘을 빼고 긴장을 풀어본다.

(시작)

승모근 어깨 이완

2) 먼저 얼굴을 오른쪽으로 천천히 돌리고 머리를 뒤(오른쪽 대각선방향)로 젖히고 오른쪽 어깨를 천천히 들어올린다.(마치 뒤통수와 오른쪽 어깨가 만난다는 느낌으로) 잠시 머물러 본다. 승모근에서의 수축감을 자각해보고 천천히 어깨를 내리며 얼굴도 돌아온다. 이때 머리와 어깨가 같은 속도로 천천히 내려올 수 있는가? 내려와 어깨에 힘을 빼고 이완상태를 유지한다.
본 동작을 두세 번 반복한다.
반대쪽도 동일하게 반복한다.(5, 6, 7, 8)

(시작)

견갑거근 어깨 이완

9) 이번에는 견갑거근을 이완하기 위한 동작으로 얼굴을 오른쪽으로 돌리고,

10) 그 상태에서 머리를 왼쪽 뒤, 대각선방향으로 기울이며, 왼쪽 어깨를 들어올린다.

11) 마치 왼쪽 귀와 어깨가 만난다는 느낌으로 들어올린 후 잠시 머물른다. 이때 왼쪽 어깨의 견갑거근의 수축감 등 자각해본다. 천천히 머리를 원위치로 돌리며 동시에 어깨를 천천히 풀어놓는다.
본 동작을 두세 번 반복한다.
반대쪽도 동일하게 반복한다.

(마무리)

머리와 어깨가 원위치로 돌아온 뒤, 양 어깨에 힘을 빼고 천천히 호흡을 마시고 내쉬면서 이완한 채로 잠시 머물러 본다. 어깨의 감각이 어떠한가? 조금 더 이완되는 것이 느껴지는가? 어깨의 가벼움을 느껴볼 수 있는가?

오른쪽 승모근 어깨이완

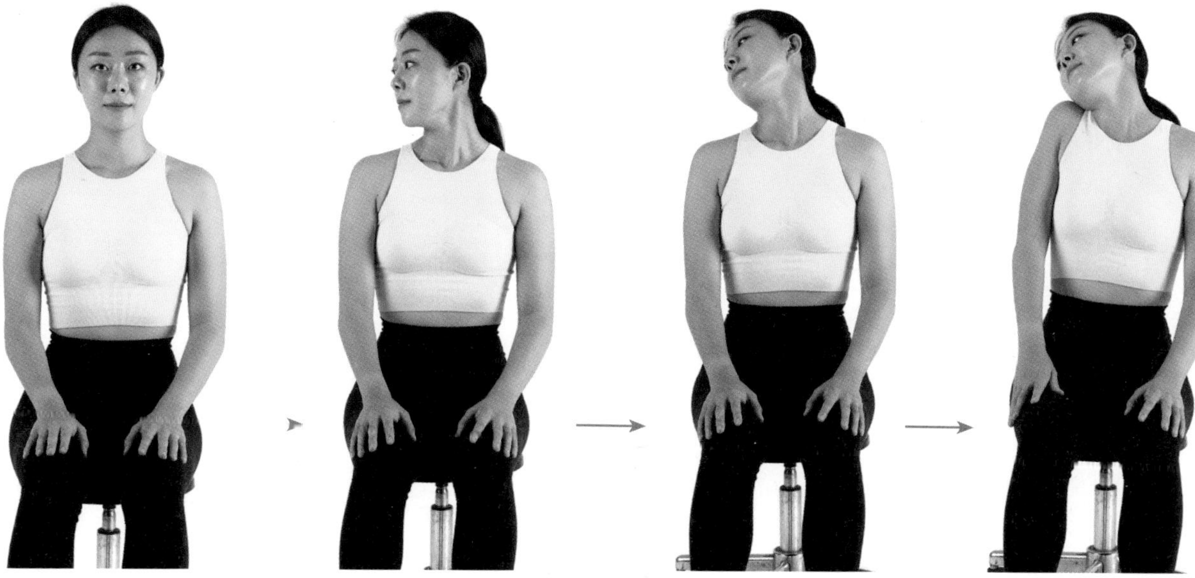

왼쪽 승모근 어깨이완

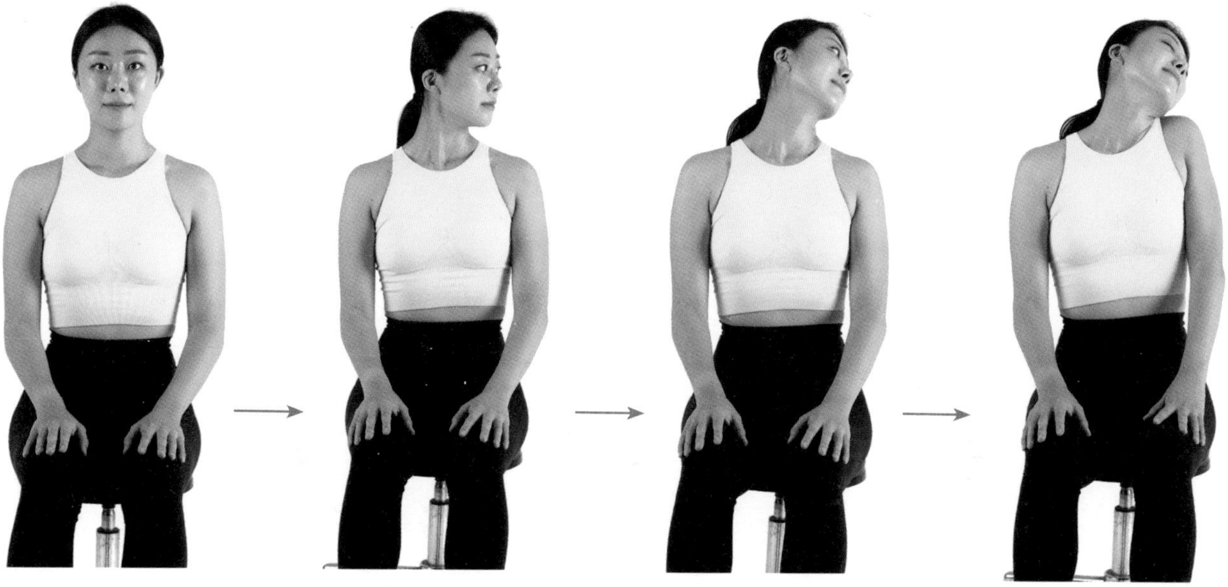

왼쪽 견갑거근 어깨이완

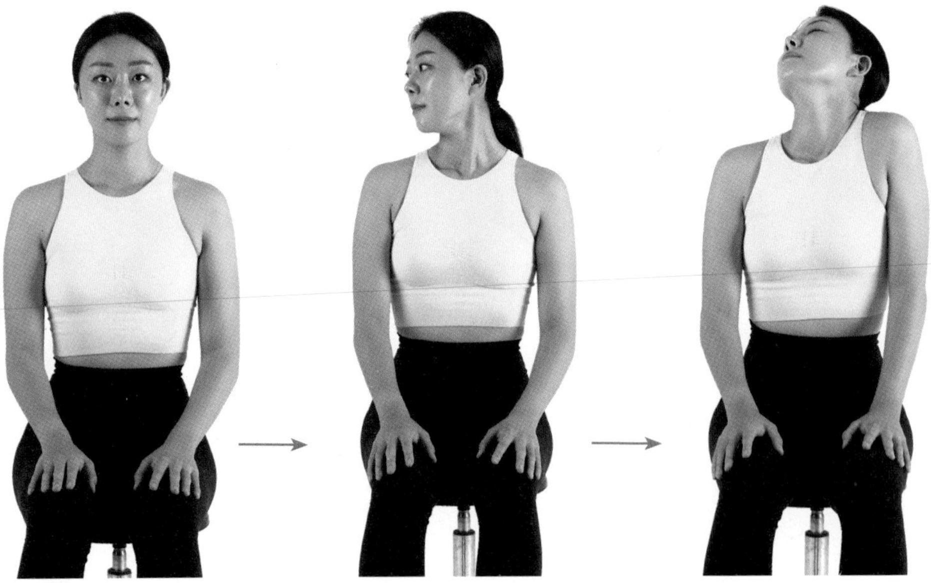

오른쪽 견갑거근 어깨이완

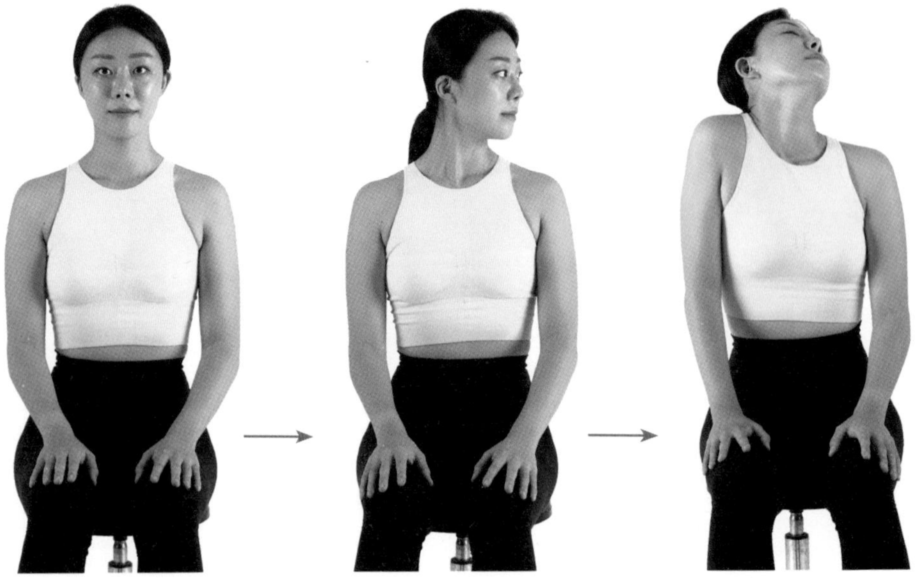

13) Pump Breathing(펌프호흡)

▶ 펌프 호흡 1

(준비)

1) 천장을 보고 누워 양쪽 무릎을 세운다. 양 무릎과 발은 약간 벌려서 허벅지에 힘이 들어가지 않도록 한다(하루종일 세워놔야 한다고 했을 때 가장 편안한 위치를 찾는다).

(시작)

2) 3) 코로 호흡을 들이마시며 들이마신 공기를 통해 복부를 풍선 부풀 듯 내민다. 이 상태에서 호흡을 멈추고 허리에 복부를 붙이듯 부푼 복부를 당기며 공기 가슴으로 밀어 올린다. 여전히 숨은 참으면서 부푼 가슴의 공기를 다시 복부가 부풀도록 아래로 밀어낸다. 복부에서 가슴으로 끌어올릴 때 허리는 바닥과 평평해지며 가슴에서 복부로 밀어낼 때 허리는 살짝 들린다. 이 작업을 더 이상 숨을 참기 힘들 때까지 반복한다.
반대쪽도 동일하게 실시한다.

(마무리)

다리를 펴고 쉬면서 평소의 호흡과 어떻게 달라졌는지 느껴본다. 조금 더 공간이 커진 느낌이 드는가? 호흡이 들어오고 나가는 것이 더 편해졌는가?

▶ 펌프 호흡 2

(준비)

배를 바닥에 대고 엎드린다. 머리는 왼쪽으로 돌리고 왼손 등에 오른쪽 뺨이 닿도록 팔을 올린다. 그리고 오른쪽 팔은 골반 옆에 나란히 놓는다. 이는 백리프트 자세와 동일하다.

(시작)

4) 5) 코로 호흡을 들이마시며 복부가 부풀어 올라 바닥을 누르도록 한다. 숨을 참고 복부에 있던 공기를 가슴으로 끌어올린다. 그럼 가슴이 바닥을 느리며 살짝 들리고 복부는 바닥에서 살짝 들리게 된다. 이때 등쪽 근육이 마치 파도를 타듯 리드미컬하게 움직이는 것을 느껴본다. 마찬가지로 호흡을 더 이상 참기 힘들 때까지 반복한다.

반대쪽도 동일하게 실시한다.

(마무리)

움직임을 한 그 자세 그대로 호흡을 느껴본다. 늑골 뒤쪽의 공간이 열려 호흡이 전달되는 것이 느껴지는가?

▶ 펌프 호흡 3

(준비)

6) 오른쪽 옆으로 누워 오른팔로 머리를 받치고 눕는다. 왼팔은 엉덩이 위에 편안하게 놓는다. 두 무릎을 끌어올려 골반높이 가까이 놓는다. 옆으로 누운 상태에서의 척추 라인을 바르게 뉘이고, 척추의 만곡을 자각해 본다.

(시작)

6) 7) 옆으로 누운 상태에서 코로 호흡을 들이마시며 복부가 부풀어 오르도록 한다. 이때 허리의 만곡을 만들어본다. 숨을 참고 복부에 있던 공기를 가슴으로 끌어올린다. 오른쪽 옆구리가 확장된 느낌, 바닥에 닿는 면적이 넓어진 느낌이 드는가? 옆으로 누워 호흡할 때 척추 뒷 라인의 근육이 마치 파도를 타듯 리드미컬하게 움직이는 것을 느껴본다. 마찬가지로 호흡을 더 이상 참기 힘들 때까지 반복한다.

반대쪽도 동일하게 실시한다.

(마무리)

옆으로 누워 펌프호흡을 한 자세, 그대로 누워 호흡을 느껴본다. 오른쪽 옆 늑골 공간이 열려 호흡이 전달되는 것이 느껴지는가?

1
2
3
4
5
6
7

14) Eye Relaxation(눈 이완, 휴식)

▶ 방법 1

(준비)

1) 바른 자세로 앉는다(바다에 누운 상태에서도 좋다). 양 손은 무릎위에 편하게 올려놓고, 어깨에 힘을 툭 떨구며, 눈을 지긋이 감는다. 커다란 시계를 그려 상상해본다.
   먼저 두 눈의 주의를 시계 중앙에 둔다. 그리고 내 몸에 숨이 들어가고 나가는 것을 알아차리며 긴장을 푼다.

(시작)

2) 두 눈동자를 정 중앙에서 위로 올려 12시를 가리켜본다. 잠시 12시에 머물며 깊은 호흡으로 긴장을 풀어본다.
   두 눈동자가 12시 방향에 머무는 동안 어떠한가? 눈위 깜박이며 불안정하지 않은가? 때로는 원위치로 돌아와버려 주의를 잃어 놓칠 수도 있다. 괜찮다. 그동안 정보를 얻기 위해 시각에 의존하여 많은 시간동안 정면을 향한 인간의 몰입 또는 Doing Mood에서 고정되어 있던 근신경계의 새로운 자극에 반응 아닐까? 반복 학습해 가면서 신경가소성의 변화로 향상되지 않을까? 조금 더 나아질 것이라고 가능성을 갖고 탐색해 나아가 본다.
   천천히 중앙을 지나 6시를 가리켜본다. 잠시 6시에 머물러 깊은 호흡과 함께 긴장을 풀어본다.
   두 눈동자를 중앙에서 오른쪽 3시를 향해 천천히 움직여 본다. 3시에 머물며 깊은 호흡과 함께 목과 어깨의 긴장을 툭 떨궈본다(반대쪽도 중앙에서 9시로 동일하게 실시한다).
   두 눈동자에 주의를 두며 12시를 향하고 천천히 호흡을 자각하며 1시, 2시, 3시, 4시 … 12시까지 원을 그리며 돌아온다(반대쪽 방향 11시, 10시, 9시 … 12시까지 동일하게 돌아온다).
   두 눈의 주의를 정 중앙으로 돌려놓고 잠시 머물며 깊은 호흡과 함께 온 몸에 힘을 툭 떨구고 등 전체의 긴장을 풀어본다.

(마무리)

자세를 유지하면서 눈에서의 감각을 자각해 본다. 눈의 휴식을 취하기 전과 지금 동일한가? 차이가 있는가? 차이가 있다면 어떤 차이이며 어떠한 느낌이 드는가? 정답은 없다. 자신이 느끼고 경험하는 1차적 관점에서 바라본다.

▶ 방법 1

(준비)

이 움직임은 누워서 해도 괜찮고 앉아서 해도 상관없다. 단지 지금 그 상태에서 주위를 둘러본다. 그 중에서 눈에 들어오는 물체 한두 개가 어떻게 보이는지 기억해 놓는다(밝기, 명암, 선명도 등등). 그리고 눈을 감고 현재 눈의 상태를 자각한다. 부드러운지 뻑뻑한지, 뜨거운지 차가운지, 무거운지, 가벼운지 등등을 자각해본다.

(시작)

1) 편한 팔을 앞으로 뻗어 손가락 하나를 눈 앞 30cm 정도 앞에 놓는다. 눈은 계속 앞에 있는 손가락을 주시한다. 그러면서 천천히 머리를 오른쪽으로 회전한다. 이때 눈은 왼쪽으로 째려보는 듯한 상태로 손가락을 바라보고 있게 한다. 눈과 머리, 목이 분리되는 느낌이 드는가? 그리고 천천히 머리를 원래 중앙 자리로 돌아온다. 이때도 여전히 눈은 손가락만을 주시한다.
2) 여전히 눈은 손가락을 주시한다. 그러면서 이번에는 머리를 왼쪽으로 회전한다. 방향만 다를 뿐 1)과 같다. 눈과 머리, 목이 분리되는 느낌이 드는가? 이때 눈이 잔잔한 호수에 떠있다고 상상해보라. 그럼 눈이 더 부드럽게 움직이는 데 도움이 된다.
3) 이번에는 마찬가지로 눈은 손가락을 주시하고, 머리와 턱을 천장방향으로 올린다. 이 동작과 동시에 호흡이 깊이 들어오는 경험을 할 수 있다. 이때 두 눈은 마치 아래를 째려보는 듯한 눈 움직임이 나오게 된다.
4) 마지막으로 눈은 손가락을 계속 주시하며 머리와 턱을 아랫방향으로 내린다. 눈동자가 눈썹 쪽으로 치켜올리면서 위로 째려보는 듯한 움직임이 나온다.

(마무리)

원자세로 돌아와 얼굴과 어깨에 힘이 들어가 있는 것을 자각해 보고, 긴 호흡과 함께 몸을 편안하게 한다.

다시 한번 처음에 봤던 물건을 쳐다본다. 그 물건이 어떻게 변했는가? 더 선명해졌는가? 더 가까이 보이는가? 그리고 눈은 감고 현재의 눈을 자각해본다. 더 편안하고 부드러워졌는가? 마치 호숫가에 떠 있는 눈동자의 느낌이 드는가?

15) Reach Up to the Top Shelf(높은 선반까지 뻗어보기)

(준비)

1) 양발을 어깨 너비로 벌리고 양팔은 편하게 옆에 두고 선다. 지면에 닿아있는 발바닥의 접촉 부위에 주의를 잠시 둔다. 척추라인의 중립상태를 자각해본다. 발바닥에서의 무게감을 느껴본다. 무게감은 발의 앞쪽인가 뒤꿈치에서 더 느껴지는가? 또는 무게감이 두 발에서 균등하게 느껴지는가? 균등하지 않은지?

(시작)

2) 먼저 오른 팔을 천천히 들어 가능한 신체 범위 내에서 편하게 위로 뻗어 올리며, 이때 시선은 오른 손을 따라가 본다. 천장을 향하여 어느 만큼 오른 팔과 어깨를 들어 올릴 수 있는가? 이때 오른쪽 흉곽이 확장되고 주변의 근육들이 길어지는 느낌, 복근에 다소 힘이 들어가는 것을 느낄 수 있는가? 오른쪽 늑골부위가 늘어나면서 순간 호흡은 더 확장되고 커질 수 있는지도 탐색해본다.
이어서 오른팔을 들어 올린 채 왼팔과 왼손은 아래쪽을 향해 뻗어본다. 왼쪽 흉곽과 주변 근육이 단축되는 느낌을 느낄 수 있는가?
오른 팔과 손이 위를 향해 더 멀리 뻗을 수록 반대편 왼팔과 손이 아래로 더 멀리 뻗어지지 않는가? 몸통의 한 방향에서의 신전 할 때 반대방향의 단축이 일어나는 것을 본 동작을 통해 탐색해보고 인지해본다.
반대 방향으로도 동작을 연습해본다. 그리고 원위치로 돌아와 좌우의 감각 느낌을 비교해 본다. 양 어깨와 골반은 수평한가? 그 느낌을 인지해보고 다음 동작으로 진행한다.
3) 다음으로 양팔을 위로 뻗은 상태에서 양쪽 옆구리의 길이를 감각으로 탐색해본다.
4) 다음으로 오른쪽 공중에 무엇인가를 잡으려는 것처럼 오른손을 위로 뉴이본다. 이때 몬의 중심이 어떻게 움직여지는가? 오른쪽 발에 체중이 이동되면서 바닥을 누르게 되고 동시에 왼쪽 발뒤꿈치는 약간 바닥에서 뜨는 위치 공간 감각과 중력이동을 탐색해본다. 또한 골반의 중립은 어떻게 변화되는가? 오른쪽 흉곽이 더 확장되어 열리는 느낌과 왼쪽 흉곽이 단축되는 느낌을 알아차린다.
5) 중립으로 돌아갔다가 반대쪽 왼손과 왼팔을 위로 뻗는다. 앞의 동작을 신체 반대 방향에서도 탐색한다.

(마무리)

어깨관절과 골반부위에서 좌우로, 위아래로 마치 물결치듯이 오른 쪽 팔을 위로 뻗었다가 힘을 빼고, 반대쪽 왼쪽 팔을 위로 뻗었다가 힘을 빼는 동작을 부드럽게 반복해 본다. 이때 어깨 움직임에 따라 흉곽, 옆구리, 골반, 무릎, 발이 모두 사슬처럼 연결되어 움직여지는 것을 탐색해본다. 우리 몸의 연결 사슬고리의 자연스러움, 위대함에 놀라지 않을 수 없다. 얼마나 신기한가? 이 놀이를 통해 어깨관절과 고관절의 근육의 긴장이 풀리고 가동범위는 확장될 수 있을까?

REACH UP TO THE TOP SHELF

3. 요가 호흡법[17)]

NADI SODHANA

1) Nadi Sodhana(나디 정화호흡)

나디는 에너지의 통로를 의미하고 쇼다나는 정화를 의미하는 것으로, 나디 쇼다나는 에너지 통로의 정화를 뜻한다.

뇌의 전두부와 후두부뿐 아니라 뇌의 양쪽 반구의 조화와 균형을 이루게 하는 요가적 방법이다. 뇌의 전 부분에서 일어나는 활동을 균등하고 고르게 통제하는 방법으로 이를 통해 평화와 고요, 조화를 경험하게 된다.

뇌와 손가락은 긴밀한 상호관계를 가지고 있기 때문에 손가락의 움직임을 잘 통제해서 양쪽 콧구멍으로 숨이 섬세하게 들고날 수 있어야 한다. 손가락을 잘 통제해서 숨이 부드럽게 들고난다면 뇌는 고요하고 주의깊게 움직일 수 있게 된다. 이 흐름과 변화를 제대로 느낄 수 있는 섬세함을 연마하는 것도 매우 중요하다.

SURYABHEDANA

CHANDRA BHEDANA

17) 양희연(2016). 남인도 요가 명상. 『(사)한국명상학회 제1차 정례회』 자료집. 참고

오른손의 두 번째와 세 번째 손가락을 접어 넣고 엄지손가락은 오른쪽 코에, 네 번째 손가락과 새끼 손가락은 왼쪽 코 위에 놓아서 손목이 중앙에 놓이게 한다. 손가락을 조절하면서 왼쪽 코로 숨을 마시고 오른쪽 코로 숨을 내쉰다. 다시 오른쪽 코로 숨을 마시고 왼쪽 코로 숨을 내쉰다. 이것이 한 라운드이다.

초반에는 부드럽게 진행하다가 점차적으로 들숨 후 양쪽 코를 막고 숨을 멈춘다. 멈춘 상태에서 들어온 에너지가 몸 전체로 확장되는 것을 느껴본다.

(1) Suryabhedana(수리야 베다나)

수리야는 '태양', 베나다는 '관통하다'는 의미이다. 준비의 손가락 모양은 나디 쇼다나와 같다. 편안하게 앉은 명상 자세에서 눈은 지긋이 감는다. 오른쪽 코로 마시고(이때 왼쪽 코는 막음) 왼쪽 코로 내쉬는 것(이때 오른쪽 코는 막음)을 반복한다. 오른쪽 코로 상징되는 태양의 에너지를 계속 받아들인다. 약 5초간 들이마시고 5초간 내쉰다.

(2) Chandra bhedana(찬드라 베다나)

찬드라는 '달'을 의미한다. 편안하게 앉은 명상 자세에서 눈은 지긋이 감는다. 왼쪽 코로 마시고(이때 오른쪽 코를 막음) 오른쪽 코로 내쉬는 것(왼쪽 코를 막음)을 반복한다. 왼쪽 코로 상징되는 달의 에너지를 계속 받아들인다. 약 5초간 들이마시고 5초간 내쉰다.

2) Cooling Pranayama(냉 호흡, 冷 呼吸)

두 가지의 냉 호흡은 기분을 북돋운다. 몸을 서늘하게 하고 눈과 귀를 편안하게 한다. 열로 인한 어려움을 완화시켜준다. 한여름 더울 때나 열이 나서 어려움을 겪는 경우 도움이 된다. 또한 정서적 화, 분노를 가라앉히는 데 좋다.

(1) Sitail Pranayama(싯탈리 호흡)

'Sitail'는 '서늘함', '차게함'의 의미이다. 준비자세로 편안하게 앉은 명상 자세에서 눈은 지긋이 감는다. 혀를 내밀어서 빨대처럼 둥글게 만 후 혀를 통해 천천히 숨을 마신다. 혀를 통해 숨이 들어가면서 침이 마르는 것을 느낀다. 혀를 입안에 넣고 고개를 바르게 한 후 코를 통해 숨을 내쉰다. 몇 차례 반복한다. 체온을 낮춰 몸이 시원하게 한다.

SITAIL PRANAYAMA

(2) Sheetali Pranayama(**시뜨까리 호흡**) :

준비자세로 편안하게 앉은 명상 자세에서 눈은 지긋이 감는다. 싯딸리의 변형으로 입술을 양 옆으로 넓게 벌리고 이빨 사이로 '식~' 하면서 천천히 숨을 마신다. 입술을 다물고 고개를 바르게 하면서 코를 통해 숨을 내쉰다. 몇 차례 반복한다. 효과는 싯딸리와 같다.

SHEETALI PRANAYAMA

3) Heating Pranayama(열 호흡, 熱 呼吸)

두 개의 열 호흡은 간, 비장, 췌장과 복부를 활성화시켜 활기차게 하며 소화기능을 향상시킨다. 상쾌한 기분이 들게 한다. 몸 전체를 강하게 활성화시키기 때문에 너무 오래 수행하지 않는다. 체력이 너무 약하거나 폐기능이 좋지 않은 경우나 불안감이 높거나 긴장이 느껴지면 하지 않는다.

(1) Bhastrika Pranayama(바스트리카 쁘라나야마: 풀무호흡)

'바스트리카'는 '풀무'를 의미한다. 준비자세로 편안하게 앉은 명상 자세에서 눈은 지긋이 감는다. 강한 들숨과 날숨을 반복하면서 공기는 마치 풀무를 사용하는 것처럼 강하게 빨려들어왔다 나갔다를 반복한다. 복부를 빠르게 움직여 반복한다. 풍부하고 맑은 에너지가 형성된다.

(2) Kapalabhati(까빨라바띠: 정뇌호흡)

'까빨라'는 '두개골', '바띠'는 '빛'이라는 의미로, 까빨라바띠는 '두개골의 빛'이라는 뜻을 가지고 있다. 준비자세로 편안하게 앉은 명상 자세에서 눈은 지긋이 감는다. 바스트리카와 비교하면 날숨이 더 힘차며 정화효과가 더 크다. 들숨은 복부와 횡격막, 흉부로 강하게 숨을 들이마시고 날숨은 복부를 수축하며 힘차게 내쉰다.
하고 온몸의 노폐물을 걸러내고 뇌를 정화시킨다.

4) Bhramari Pranayama(꿀벌 호흡)

벌소리 호흡을 말한다. 검지 손가락으로 귀를 막고 배까지 깊은 호흡을 하며 입술을 부드럽게 닫고 위아래 치아를 분리한다. 천천히 숨을 내쉬는 날숨에 '응~' 하는 벌 소리를 낸다. 큰소리가 아닌 벌이 웅웅거리는 소리를 두개골 이마 쪽으로 내면서 그 소리에 집중한다. 몸에서 느껴지는 느낌을 알아차려 본다. 마음이 산란할 때 편안하게 가라앉혀준다.

BHRAMARI PRANAYAMA

5) Shanmukhi Mudra(샨무키 무드라)

'san'은 '6'이고 'mukhy'는 입이다. 준비자세로 검지 손가락으로 눈 아래, 중지로 코, 약지로 윗입술, 새끼손가락으로 턱을 누르고 엄지손가락은 귀를 막는다. 이때 양쪽 코에 있는 중지는 들숨 후 멈출 때만 막는다. 외부로 향하던 감각을 내면으로 거둔다. 호흡법보다는 명상법에 가까운 수련으로 호흡이 잘 조절되었을 때 시도해볼 것을 권한다.

SHANMUKHI MUDRA

제 4 장

마음 치유·재활 : 마노마야 코샤(Manomaya-Kośa)를 위한 요가

1. Restorative Yoga(레스토러티브 요가)의 특징
2. Restorative Yoga(레스토러티브 요가) 자세
3. 마음재활을 위한 레스토러티브 요가 프로그램
4. Restorative Yoga(레스토러티브 요가)를 위한 도구

제4장 마음 치유·재활 : 마노마야 코샤(Manomaya-Kośa)를 위한 요가

마음의 재활에는 회복, 이완, 휴식요가인 레스토러티브 요가가 효과적이다. 이때 볼스터나 블록, 담요, 아이필로우 등 다양한 도구를 적절하게 이용함으로써 이완감을 더 높일 수 있다.

1. Restorative Yoga(레스토러티브 요가)의 특징

1) 도구를 적절히게 이용함으로써 완전한 이완을 위한 충분히 지지적인 환경을 조성한다.
2 프로그램 구성을 척추를 모든 방향으로 골고루 움직일 수 있게 하면 척추의 상태를 좋게 만들어준다.
3) 거꾸로 하는 역자세를 프로그램에 잘 포함하면 상체로 액상이 잘 갈 수 있게 되고 심장의 부담이 줄어들고 그 기능이 향상될 수 있다.
4) 가라앉히는 것뿐 아니라 장기를 자극시키기도 한다. 전굴자세, 후굴자세 그리고 비틀기 자세에 따라 복부 장기를 조이기도 열기도 하고 피가 활발히 움직이게도 하고 고요하게 하기도 한다.
5) 레스토러티브 요가는 에너지의 흐름을 조화롭게 하기 때문에 수련자가 너무 자극되지도 않고 너무 가라앉지도 않게 한다.

2. Restorative Yoga(레스토러티브 요가) 자세

1) Basic relaxation pose

목과 무릎 뒤에 담요나 매트 등 도구를 편안히 받치고 5-20분 유지한다.
근육 긴장을 풀어주면서 혈압과 심박동수를 낮춰준다. 피로를 줄여주고 수면을 개선시킨다. 면역반응을 촉진하며 만성통증을 다스리는 데 도움이 된다.

2) Simple Supported Backbend

등과 목 뒤에 적절한 도구를 받치고 5-20분 유지한다.

일상적이고 습관적으로 앞으로 숙이는 자세에 대한 해결책이다. 몸의 앞부분의 기운을 북돋고, 복부 장기가 활발해진다. 이러한 후굴은 상쾌한 기분을 느끼게 하는 데 도움이 된다.

이 자세에서 허리에 통증이 느껴지거나 척추염, 척추척수염 또는 디스크 질환으로 진단받은 경우, 3개월 이상의 임산부, 생리중인 경우에는 피한다.

3) Supported Child Pose

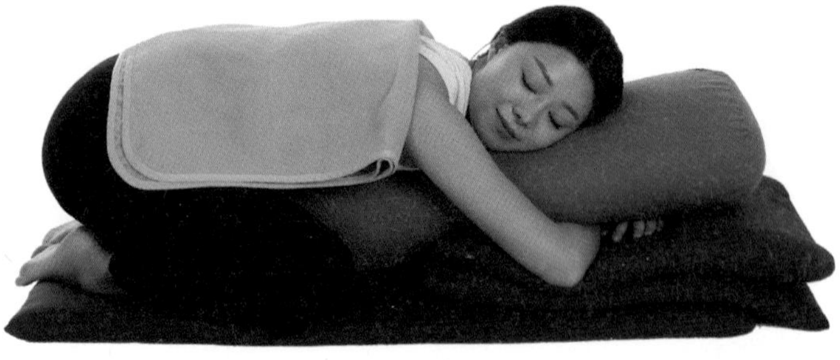

무릎을 꿇고 도구를 몸 앞에 두고 상체를 숙여 한 쪽 뺨과 가슴과 복부가 도구에 닿게한다. 머리를 각각 돌려 3분 동안 동일하게 유지한다.

허리를 부드럽게 늘여주고 어깨의 긴장을 풀어주고 마음을 고요하게 한다.

척추전방전위증, 척추분리, 척추관 협착증, 디스크 질환, (방위통이나 저림 등과 같은) 신경성 증상이나 장이나 방광기능에 문제가 있는 경우, 3개월 이상의 임산부는 하지 않는다.

4) Elevated Legs-Up-The-Wall Pose

부드러운 역 자세 중 하나. 벽에 다리를 올린 상태에서 골반과 몸통이 가벼운 후굴상태에서 지지되게 한다. 중력의 영향으로 이 자세에서는 폭포처럼 다리의 유체(fluid)가 몸통으로 떨어질 수 있게 한다. 다리를 회복시켜주면서 허리를 편하게 한다. 마음을 고요하게 하고 가슴과 폐를 상쾌하게 하면서 스트레스가 전신에 미치는 영향을 완화시킨다. 혈압을 낮추는 데 도움이 된다. 정맥류성 정맥(varicose vein)을 가지고 있거나 오랜 시간 서 있는 사람 그리고 다리가 잘 붓는 사람에게 특히 유용하다.
틈새탈장(hiatal hernia), 안압, 망막, 심장, 목에 문제가 있는 경우, 생리중인 경우에는 하지 않는다.

5) Mountain Brook Pose

목과 등, 무릎 뒤에 도구를 두고 편하게 눕는다. 도구 위에 산 계곡 바위 위에 흐르는 물결처럼 부드럽게 걸쳐있는 자세로 가슴이 열린 채로 지지된 후굴자세이다. 일상생활에서는 주로 닫혀 있는 세 부위(목, 가슴, 복부)를 도구의 도움을 받아 열어준다. 5분 정도 유지하며 숙련자의 경우 15분도 가능하다.
일상적으로 무너져 앉아있는 자세에 도움이 되는 방법이다. 가슴을 열어 호흡이 더 잘 될 수 있도록 도와준다. 소화를 돕고 피로를 덜어주며 가라앉는 기분을 올리는 데 도움을 준다. 이 자세에서 나올 때는 날숨에 다리를 가슴 쪽으로 당기고 몸을 옆으로 돌려 앉으면서 나온다.
척추전방전위증, 척추분리증 또는 디스크 질환자 그리고 3개월 이상의 임산부는 하지 않는다.

6) Supported Bridge Pose

등 뒤부터 발뒤꿈치까지 적당한 높이의 도구 위에 눕는다. 머리를 충분히 쉬게 한다. 15분 이내로 수련한다. 자세에서 빠져나올 때는 몸을 서서히 위로 움직이며 다리만 올려놓고 잠시 쉰 후 몸을 옆으로 돌려 앉는다. 오랫동안 서있고 난 후 다리의 액상을 거두어들여 피로를 줄여준다. 운동선수의 경우 오랜 달리기 후의 다리와 고관절 근육의 통증 완화에 도움을 준다. 과로로 인한 증상인 두통이나 정신적 동요를 줄이는 데 도움을 준다.

틈새탈장, 안압, 망막문제, 심장문제 또는 목 문제, 생리중인 경우에는 권유되지 않으며, 척추전방전위증, 척추분리, 3개월 이상의 임산부는 하지 않는다.

7) Reclining Twist with a Bolster

볼스터와 같은 도구를 앞에 두고 두 다리는 한쪽으로 둔 상태에서 엎드려 도구를 안아준다. 언뜻 보기에는 우리 몸을 묶는 것처럼 보이지만 실제로는 분주한 생활 속의 육체적, 감정적, 정신적 묶임을 풀어주는 진정한 기회를 주는 자세이다. 등 근육과 몸 옆의 스트레스를 완화하고 늑간근을 늘여 호흡을 키우는 데 도움이 된다.

등에 심한 문제가 있는 경우에도 할 수 있지만, 척추전방전위증, 척추분리증 또는 디스크 질환자 또는 만성 천장관절 질환인 경우 매우 조심스럽게 실시한다.

8) Supported Seated-Angle Pose

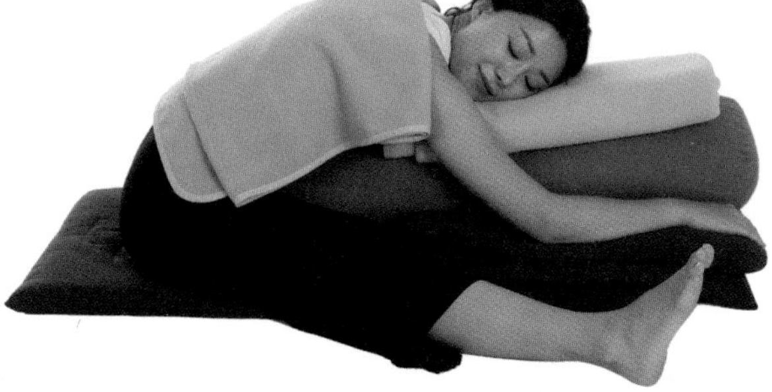

두 다리를 옆으로 벌리고 다리 사이에 도구를 놓고 엎드린다. 편안하게 머무를 수 있도록 도구의 높이를 조정한다. 다리와 척추를 늘이는 자세로 사용된다. 3-5분 정도가 적당하고 최대 10분 정도 유지한다. 일반적으로 전굴자세는 소화와 배설 장기(위, 장, 간)를 고요하게 하고 정신적인 동요를 가라앉히고 두통을 완화한다. 척추전방전위증, 척추분리, 척추관 협착증, 디스크 질환, (방위통이나 저림 등과 같은)신경성 증상이나 장이나 방광기능에 문제가 있는 경우와 3개월 이상의 임산부는 하지 않는다.

9) Supported Crossed-Legs Pose

두 다리를 교차해 앉은 상태에서 의자와 같은 도구에 엎드린다. 3-5분 정도 수련한다. 다리 바꾸는 것을 잊지 않는다. 아랫배에 주의가 가면서 복부 긴장을 푸는 데 도움을 준다. 소화, 생식기관, 신장, 간 등을 가라앉히고 이완시켜준다.

이 자세에서 통증이 느껴진다면 도구를 높여본다. 그래도 통증이 느껴지면 하지 않는다. 천장관절의 이상이나 디스크 질환을 진단받았거나 척추전방전위증, 척추분리를 진단받은 경우는 하지 않는다.

10) Basic Relaxation Pose with Legs Elevated

두 다리의 허벅지 아래부터 도구를 받친 채로 편안하게 눕는다. 허리의 긴장을 완화하는 기본자세의 변형이다. 복부의 긴장을 완화시키고 레스토러티브 요가의 후굴자세로 인한 허리의 긴장을 완화하는 데 도움이 된다. 다리를 위로 올리는 자세는 오랫동안 서있거나 앉아있어서 생기는 피로를 풀어준다. 3개월 이상의 임산부는 피한다.

11) Supported Bound-Angle Pose

벨트를 두 발과 허리부위에 걸고 볼스터를 뒤에 받친 상태에서 눕는다. 이때 발뒤꿈치의 위치를 잘 조절한다. 육체적으로 가슴, 복부, 골반을 확장하고 심리적으로는 안전과 지지와 함께 하는 깊은 확장을 받아들이는 자세이다. 가슴을 열면서 팔과 다리는 도구에 의해 지지된다. 10~15분 정도 수련한다.
혈압이 높거나 호흡이 어려운 사람에게 도움이 된다. 생리중인 경우와 완경기 여성에게 도움이 된다.
허리에 디스크 질환이 있거나 만성적으로 천장관절에 질환이 있는 경우 머리는 가슴보다 높게 두고 가슴은 골반보다 높게 둔 상태를 유지하도록 도구의 높이를 낮춰준다. 목에 조인 신경이 있거나 디스크 질환이 있는 경우 조심스럽게 머리와 목을 지지한다. 통증이 없이 수련할 수 있도록 도구의 높이나 위치를 다양하게 시험해본다. 예를 들어 팔 쪽에 얼얼함이 느껴진다면 목에 부담이 된다는 것을 보여주는 것이다.

12) Side–Lying Relaxation pose

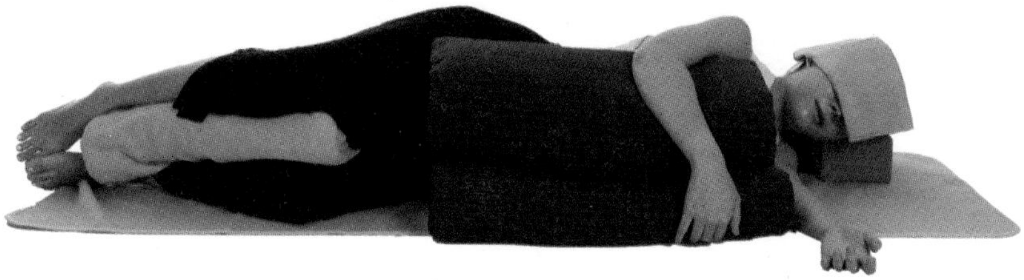

임신 3개월 이후의 임산부가 일상적인 이완 시에 할 수 있도록 권유되는 자세이고 육체적 노동 중간에 하기 좋은 자세이다. 옆구리나 머리 아래, 다리 사이를 담요로 받치고 옆으로 누워 볼스터를 안는다. 20분까지 유지할 수 있다. 이 자세로 잠들지 않도록 주의한다.

13) Reclining Supported Relaxation Pose

약간 기울인 채로 볼스터를 받치고 무릎과 발목, 팔도 적당한 도구로 지지해준다. 임산부나 생리중인 여성에게 좋다. 감기에 걸렸거나 호흡기 문제가 있는 경우 안좋은 증상을 완화시키는 데 도움이 된다. 턱을 이완하고 몸이 도구와 바닥에 의해 지지되는 것을 느끼면서 느리고 부드럽게 쉬는 숨에 집중한다. 이마가 턱보다 약간 위에 있게 한다. 20분을 넘기지 않도록 한다.

14) Simple Supported Backbend

허리에 도구를 받치고 누운 상태에서 두 무릎을 구부린채로 한쪽으로 내려서 5-20분 유지한다. 일상적이고 습관적으로 앞으로 숙이는 자세에 대한 해결책으로 몸의 앞부분의 기운을 북돋고, 복부 장기가 활발해진다. 이런 후굴자세는 상쾌한 기분을 느끼게 하는 데 도움이 된다.
이 자세에서 허리에 통증이 느껴지는 경우, 척추염, 척추척수염 또는 디스크 질환으로 진단받은 경우, 3개월 이상의 임산부, 생리중인 경우에는 하지 않는다.

3. 마음재활을 위한 레스토러티브 요가 프로그램

마음재활을 위한 레스토러디브 요가로 다음과 같이 제안해본다.[18)]

Simple Supported Back Bend 1-5 min
Supported Bound-Angle Pose 10-15 min
Mountain Brook Pose 5-7 min
Supported Bridge Pose 15 min
Elevated Legs-Up-The-Wall Pose 15 min
Reclining Twist with a Bolster 3 min
Supported Seated-Angle Pose 3-5 min
Supported Crossed-Legs Pose 3-5 min
Basic Relaxation Pose with Legs Elivated 5-20 min

18) Judith Hanson Lasater, Schatz & Mary Pullig, Relax and Renew, Rodmell Press(2011).

4. Restorative Yoga(레스토러티브 요가)를 위한 도구

1) 방석

크거나 적은 방석을 이용한다. 매트나 담요와는 다른 쿠션감과 지지감을 준다.

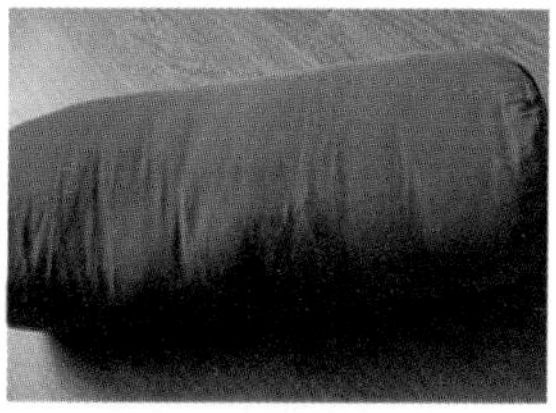

2) 볼스터

몸을 지지해주고 이완시켜 준다. 크게 소프트와 하드로 나뉘며 소프드는 편안함을 주고 하드는 교정에 적합하다.

3) 벨트

몸을 잡아주거나 팔, 다리를 지지해준다. 유연성이 부족한 경우 유용하게 이용할 수 있는 도구이다.

4) 담요

다양한 두께와 크기의 담요를 용도에 맞게 사용한다. 여러 번 접어서 등이나 목, 무릎 뒤에 받칠 수도 있고 펼쳐서 몸을 감쌀 수도 있다.

5) 블럭

단단한 지지감을 주는 도구이다. 크기와 두께에 따라 다양하게 이용할 수 있다. 볼스터 밑에 두거나 담요로 감싸서 크기를 조절할 수도 있다.

6) 요가매트

요가수련을 할 때 바닥에 깔아 몸을 보호할 수 있게 해준다.

제 5 장

정신 치유·재활 : 비즈나마야 코샤(Vijnānamaya-Kośa)와 아난다마야 코샤(Ānandayama-Kośa)를 위한 요가

1. Yoga Nidra(요가 니드라)
2. Mantra Meditation(만트라 명상)
3. Mantra와 함께 하는 Nyasa(니야사)
4. Pranayama Meditation(호흡명상)

제5장 정신 치유·재활 : 비즈나마야 코샤(Vijnānamaya-Koṡa)와 아난다마야 코샤(Ānandayama-Koṡa)를 위한 요가

일반적인 마음보다 높은 인식 기능인 '지성층'인 비즈나마야 층은 섬광처럼 떠오르는 통찰이나 지혜의 층으로 의식적 마음보다 더 내면적인 잠재의식과 무의식에 해당된다. 이에 집중명상이나 통찰명상 모두 이 비즈나마야 코샤에 영향을 미치지만 본 문헌에서는 감각의 내향화(프라티야하라; Pratyahara)를 통해 이 층의 계발에 도움이 된다고 여기며 이의 대표적인 수련법인 '요가 니드라'를 소개하고자 한다.

또한 아난다라는 지복(至福), 환희(歡喜)로 이루어진 층이라는 뜻으로, 존재의 가장 깊은 차원에 있는 껍질인 아난다마야 코샤에는 깊은 명상을 통한 삼매(三昧; Samadhi)가 이 층의 계발에 도움이 되며, 본 문헌에서는 일반인이 수련할 수 있는 만트라(Mantra)명상과 호흡명상을 제시하고자 한다.

요가 니드라와 만트라 명상 및 호흡명상을 실시할 때는 가능한 조용한 공간을 선택하여 집중에 방해가 되지 않도록 한다. 요가 니드라와 만트라 명상 및 호흡명상을 시작하기 전에 마음의 여행을 떠나 빈 마음이 되어 본다.

잠시 빈 마음의 여행을 떠나 봅니다.

우리는 빈 몸으로 이 세상에 태어나 물질의 인연을 만나, 잠시 빌려 쓰다가 빈 몸으로 돌아갑니다. 잠시 빌려 쓴다는 것이 마치 모두 다 내 것 인양 움켜지고 집착으로 허부적거리다 떠나기도 합니다.

지금부터 물질의 인연을 하 나, 하 나 잠시 마음에서 내려 놔 봅니다.

나를 기쁘게 해주고, 함께 했던 사랑하는 사람들, 부모님, 조부모님, 형제, 친구, 이웃.. 잠시 떠올려봅니다. 그리고 잠시 내려 놔 봅니다.

내가 소유하고, 좋아하는 물건들도 떠올려 봅니다. 그리고 잠시 내려 놓습니다.

나의 주변 환경도 내려놓습니다. 익숙하고 정든 도시, 산천 마을, 풍부한 문화..

이번에는 나를 무시한 사람, 나의 마음을 아프게 한 사람, 모함하고 곤경에 빠뜨린 사람.. 잠시 내려 놔 봅니다. 그러지 않으면 상대도 힘들고 내 영혼마저 상처를 입는 다는 것을 알기 때문입니다.

사랑과 미움, 소중함과 터부시함, 선과 악, 옳고 그름, 이익과 손해.. 나 자신을 버티게 해온 사고체계도 내려놔 봅니다.

하 나, 하 나 내려놓고, 또 내려놓고, 또 내려놓습니다.

더 이상 내려놓을 것이 없는 빈 마음으로 여행을 떠나 봅니다.

양 극단의 만날 수 없는 수평 점을 지우고
양 극단의 땅과 하늘의 수직 점을 지우고
하늘 땅 만물이 하나가 되어 평등하게 머물러 봅니다.

잠시 땅이 되어 봅니다. 땅이 되어 잘 난 사람, 못 난 사람.. 모두 실어줍니다..
잠시 하늘이 되어 봅니다. 하늘이 되어 착 한 사람, 못 된 사람..모두 덮어줍니다.

빈 마음으로 여행을 떠나 봅니다.

땅이 되어 만물을 실어줍니다. 하늘이 되어 만물을 덮어줍니다.
잘 난 사람, 못 난 사람, 착 한 사람, 못 된 사람 ... 존재의 가치로 소중하게 실어주고 덮어줍니다.

1. Yoga Nidra(요가 니드라)

진정한 자기 자신과의 결합을 뜻하는 요가와 수면(잠)을 의미하는 니드라가 결합된 요가 니드라는 깊은 명상의 전 단계에 위치하고 있으며 현대에 와서는 긴장과 스트레스를 완화시키는 이완 방법으로 활용되고 있다. 수련자는 편안하게 누운 상태에서 안내자의 목소리에 의식을 두고 안내를 따라간다. 요가니드라 수련 시간 동안 의식, 잠재의식, 무의식의 경계를 오고가면서 보다 내면으로 침잠해 들어갈 수 있다. 자신의 내적 신념과 희망, 소명을 한 문장으로 만든 쌍칼파를 요가니드라의 앞과 뒤에 배치함으로써 자기계발이나 변형에 비중을 두기도 하지만 기본적으로 요가니드라는 깊은 내면탐구의 명상법이다.

1) 요가 니드라의 구성 및 순서

▶ **준비 및 이완 :**

내면탐구를 할 수 있는 편안하고 안전한 장소를 먼저 확보한다. 요가 니드라를 하는 동안 방해받지 않을 수 있는 장소와 춥거나 덥지 않고 너무 딱딱하거나 밝지 않은 곳에 매트를 깔고 그 위에 휴식자세로 눕는다. 마음 속으로 요가 니드라의 수련 의도를 세운다. 무엇 때문에 요가 니드라를 하는지를 자기 자신에게 정직하게 표현한다. 스트레스나 통증으로부터 벗어남, 온전한 휴식, 영적 진화 등 자신에게 이 순간 필요한 것이 무엇인지를 알고 그 필요를 위해 요가 니드라를 통해 얻고자 하는 것을 정확하게 이야기한다.

▶ 상칼파

다짐이라는 의미를 가지고 있는 산스크리트어로, 자신이 지향하고 나가고자 하는 방향을 말한다. 단기적인 목표일 수도 있고 장기적인 목표일 수도 있다. 자신을 변형시키고 발전시킬 수 있는 방향으로 이끌 수 있는 짧고 단순한 한 문장을 선정해 마음 속으로 반복한다.

▶ 의식의 순환

의식으로 몸을 느낀다. 고유수용감각을 활성화하며 자신의 몸에 대한 인지를 높인다. 신체 각 부위를 통한 자각의 단계로 이를 통해 신체와의 동일시를 벗어나게 해 자신이 몸이 아니라 몸을 뛰어넘는 존재임을 체험하게 한다.

▶ 호흡의 자각

자신의 주의를 호흡에 둔다. 들어오는 숨과 나가는 숨을 느끼거나 복부, 가슴, 목, 코와 같이 호흡이 주로 느껴지는 몸의 부위에 두거나 에너지 센터를 의미하는 차크라의 부위에 둔다. 호흡에 따라 미세한 몸을 느낌으로 막혔던 에너지를 자유롭게 흐르게 하며 에너지를 각성시킨다. 이를 통해 육체적인 차원뿐 아니라 심리적 차원의 깊은 이완을 가져온다. 보다 깊은 마음의 층으로 들어가 내면의 세계를 자각하게 한다.

▶ 느낌과 감정

반대되는 느낌과 감정을 번갈아가며 경험하는 시간이다. 일상적인 삶에서 구분하고 판단하고 있는 것을 번갈아가면서 경험함으로써 진정성은 이 극단적 이원성을 넘어서는 어떤 것임을 경험하도록 한다. 이는 의식차원보다는 무의식 속 깊게 뿌리박힌 느낌과 정서의 긴장을 이완하는 것이 목적으로 무의식 층의 억압된 정서를 일깨우고 이를 다시 충분히 경험하게 하여 해소할 수 있게 한다.

반대되는 상태를 번갈아가며 경험하다보면 이 둘은 비록 하나는 아니지만 그렇다고 두개로 구분지을 수 없는 그 어떤 것임을 알게 될 것이다. 이것을 베단타 철학의 불이일원론(不二一元論)이라고 볼 수도 있다.

▶ 시각화

안내자가 스토리텔링 형식으로 안내하거나 상징적인 물건을 안내하면서 수련자의 마음 깊은 곳을 자극한다. 수련자의 특성에 따라 둘 중 효과적인 방법이 다를 수 있지만 일반적으로 초보자의 경우 스토리텔링 형식이 더 효과적이다. 마음의 잠재의식과 무의식을 자극하여 억압된 감정과 기억을 불러 일으킴으로써 마음의 긴장을 해소하도록 한다. 무의식적 깊은 심리적 긴장을 해소하여 내면의 조화를 가져오며, 무의식을 의식차원으로 통합하고자 하는 것이 목적이다.

▶ **상칼파**

앞서 했던 상칼파를 깊은 내면 상태에서 한번 더 반복한다. 상칼파가 단순 명료해야 이때 떠올릴 수 있다. 내면 깊은 곳으로 침잠된 상태에서 명료하게 그 문장을 떠올리면 자신이 바라는 바가 이미 이루어진 상태를 몸으로 경험할 수 있을 것이다.

▶ **마무리**

깊은 내면탐구 후 일상생활로 돌아갈 준비를 하는 시간이다. 자신이 존재하고 있는 주변을 느낀다. 주변의 소리, 피부에 느껴지는 감촉, 보이는 빛이나 사물, 입안에서 느껴지는 맛, 코를 통해 전해지는 향기나 냄새와도 같이 몸을 통해서 느낄 수 있는 오감과 접촉한다. 내면탐구를 통해 의식이 깊어진 만큼 강해진 의식으로 세상을 살아갈 수 있는 힘을 느껴본다.

2) 요가 니드라의 실제

요가 니드라를 할 때 수련자는 누워있는 상태에서 청각만 열어둔 채로 안내자의 목소리를 따라 간다. 때문에 안전한 곳에서 적절한 준비를 한 후 설정한 시간 동안 누워있는 상태에서 진행한다. 현대에 와서는 앉아서 할 수 있는 요가 니드라도 이용되고 있지만 기본적으로는 누워서 이루어지는 것으로 소개하고자 한다. 적절한 안내자가 없는 경우에는 자신이나 타인의 목소리를 녹음한 파일을 이용할 수도 있다.

요가 니드라 안내 멘트 예시

▶ **준비 및 이완**

적절한 시간동안 요가니드라를 할 수 안전한 공간을 마련하고 편안하게 눕습니다. 내쉬는 숨에 주의를 기울이면서 숨을 내쉴 때마다 몸이 바닥으로 가라앉는 것을 느껴봅니다.

▶ **상칼파**

자신이 간절히 바라는 상태, 자신이 지향하는 삶의 모습을 떠올리고 그 상태를 짧고 단순한 문장으로 만들어서 마음 속으로 세 번 반복합니다.

▶ **의식의 순환 :**

이제 자신의 주의를 몸으로 가져가서 몸에서 올라오는 감각을 느껴봅니다. 몸의 오른쪽을 느끼고 다시 몸의 왼쪽을 느낍니다. 몸의 뒷부분을 느끼고 몸의 앞부분을 느낍니다. 이제는 몸의 부분 부분을 느껴보겠습니다. 말씀드리는 부위에 의식을 두시고 그 부위에서 올라오는 감각 느낌을 접촉해서 알아차립니다. 오래 머무르지 않고 스쳐지나가듯 합니다. 오른쪽 엄지손가락, 두 번째 손가락... 새끼손가락, 손바닥, 손등, 손목, 아래팔, 팔꿈치, 윗팔, 오른쪽 어깨, 겨드랑이, 옆구리, 허리, 골반, 허벅지, 무릎, 정강이, 발목, 발, 오른쪽 몸 전체, 왼쪽 엄지손가락, 두 번째 손가락... 새끼손가락, 손바닥, 손등, 손목, 아래팔, 팔꿈치, 윗팔, 왼쪽 어깨, 겨드랑이, 옆구리, 허리, 골반, 허벅지, 무릎, 정강이, 발목, 발, 왼쪽 몸 전체, 몸의 뒷부분으로 의식을 가져갑니다. 오른쪽 엉덩이, 왼쪽 엉덩이, 오른쪽 허리, 왼쪽 허리, 오른쪽 등, 왼쪽 등, 뒷목, 머리 뒤통수, 몸의 뒷부분 전체, 이제 몸의 앞부분으로 의식을 가져갑니다. 정수리, 이마, 오른쪽 관자놀이, 왼쪽 관자놀이, 오른쪽 뺨, 왼쪽 뺨, 오른쪽 귀, 왼쪽 귀, 오른쪽 눈썹, 왼쪽 눈썹, 오른쪽 눈, 왼쪽 눈, 콧등, 코끝, 오른쪽 코, 왼쪽 코, 인중, 윗입술, 윗니, 입천장, 목구멍, 혀, 아랫니, 아랫입술, 턱, 목, 오른쪽 가슴, 왼쪽 가슴, 윗배, 아랫배. 몸의 앞부분 전체.

▶ **호흡의 자각**

이제 주의를 자신의 호흡으로 가져갑니다. 자신이 숨 쉬는 것을 느낄 수 있는 몸의 부위를 느껴봅니다. 그 부위의 움직임과 감각을 유심히 살펴봅니다. 이제 그 움직임을 마음으로 따라가면서 숫자를 세보겠습니다. 마시고 내쉬면서 아홉, 마시고 내쉬면서 여덟... 마시고 내쉬면서 하나. 그 상태 그대로 호흡을 느껴봅니다.

▶ **느낌과 감정**

무거움 / 가벼움

이제 무거움을 경험해보겠습니다. 자신의 몸이 점점 무거워진다고 여깁니다. 아주 무거운 바위처럼 바닥으로 점점 가라앉는 자신의 몸을 느껴봅니다. 점점 더 무거워집니다. 이제 서서히 몸이 가벼워진다고 여깁니다. 몸이 점점 가벼워지면서 두둥실 떠오르는 것을 느껴봅니다. 한없이 가벼워집니다. 더욱 더 가볍습니다. 다시 무거움을 느낍니다. 무거움, 무거움. 다시 가볍습니다. 가벼움, 가벼움, 다시 무거움, 다시 가벼움. 무거움과 가벼움을 동시에 느낍니다. 무겁기도 하고 가볍기도 합니다.

뜨거움 / 차가움

이제 뜨거움을 경험해보겠습니다. 점점 몸이 더워집니다. 점점 더 더워지면서 뜨거워집니다. 뜨거움을 경험합니다. 이제 차가움을 경험해보겠습니다. 몸이 점점 시원해집니다. 점점 더 시원해지면서 차가워집니다. 차가움을 경험합니다. 다시 뜨거움, 뜨거움, 다시 차가움, 차가움, 뜨거움과 차가움을 동시에 경험합니다. 뜨겁기도 하고 차갑기도 합니다.

슬픔 / 기쁨

이제 슬픔을 경험해보겠습니다. 슬픈 감정을 느껴봅니다. 자신이나 타인이 경험한 슬픈 상황을 떠올려도 좋습니다. 슬픕니다. 더욱 슬픕니다. 아주 슬픕니다... 이제 기쁨을 경험해봅니다. 기쁜 감정을 느껴봅니다. 기뻤던 때를 떠올려도 좋습니다. 기쁩니다. 정말 기쁩니다. 아주 기쁩니다. 다시 슬픔을 경험합니다. 다시 기쁨을 경험합니다. 이제 슬픔과 기쁨을 동시에 느낍니다. 슬프기도 하고 기쁘기도 합니다.

사랑 / 미움

이제 사랑의 감정을 경험해보겠습니다. 사랑의 감정을 떠올립니다. 사랑하는 대상을 떠올려도 좋습니다. 사랑합니다. 사랑합니다... 이제 미움의 감정을 경험해봅니다. 미움의 감정을 떠올립니다. 미워하는 대상을 떠올려도 좋습니다. 밉습니다. 밉습니다... 다시 사랑의 감정을 떠올립니다. 사랑, 사랑... 다시 미움의 감정을 떠올립니다. 미움, 미움. 이제 사랑과 미움을 동시에 느낍니다. 사랑하기도 하고 미워하기도 합니다...

맞음 / 틀림

이제 자신이 절대적으로 맞다고 여기는 것을 떠올리면서 그것은 절대적으로 옳다고 여깁니다. 그것이 맞습니다. 그것이 맞습니다. 그것은 절대로 맞습니다. 이제 자신이 절대적으로 틀리다고 여기는 어떤 것을 떠올리면서 그것이 틀리다고 여깁니다. 그것은 틀립니다. 그것은 틀립니다. 그것은 절대로 틀립니다. 다시 그것은 맞습니다. 맞습니다. 다시 그것은 틀립니다. 틀립니다. 맞고 틀림을 동시에 느낍니다. 맞기도 하고 틀리기도 합니다.

▶ **시각화**[19)]

해변가의 빛 체험 : 이른 아침입니다. 당신은 바닷가 해변을 따라 걷고 있습니다. 맨발로 모래사장을 걸으면서 발바닥에 와닿는 모래의 감촉을 느낍니다. 발가락 사이로 모래알이 묻어 발가락을 자극합니다. 발에서 느껴지는 감각을 느껴봅니다. 수평선 저 너머로부터 밀려오는 파도를 바라봅니다. 파도는 점점 가까워지고 있습니다.

이제 모래사장이 부딪혀 일어나는 파도의 하얀 거품이 다시 바다로 사라지는 것을 바라봅니다. 파도가 밀려올 때 발에 와닿는 느낌이 부드럽고 아주 시원합니다. 발가락 하나하나가 살아있음을 느낍니다. 파도가 발에 와닿을 때 가슴으로 스며드는 시원함을 느낍니다. 하얀 거품은 가슴의 어둡고 잠든 감각을 일깨웁니다.

파도소리가 들립니다. 파도가 밀려올 때 모래와 부딪히는 소리를 듣습니다. 파도가 사라질 때 일어나는 소리를 듣습니다. 파도가 일어났다가 사라질 때 소리가 같은지 또는 다른지를 주의깊게 들어봅니다. 파도가 밀려오는 소리. 파도가 사라지는 소리. 어디선가 바닷새의 소리가 들립니다.

차츰 여명이 밝아오고 있습니다. 가슴을 펴고 맑은 공기를 코로 마십니다. 입으로 자신의 탁한 공기를 내보냅니다. 가슴이 시원해집니다. 온몸의 세포는 다시 살아 숨쉬기 시작합니다. 주위는 고요하고 맑고 따뜻한 에너지로 감싸여 있습니다. 자신의 온몸으로 맑고 따뜻한 에너지가 스며들고 있습니다.

이제 고개를 돌려 수평선 너머로 태양이 붉게 타오르는 것을 바라봅니다. 주위 전체가 태양의 빛으로 물들어가고 있습니다. 주위가 점차 하나의 태양 빛으로 물들어 가고 있습니다. 주위의 형체가 하나씩 사라지고 있습니다. 자신의 몸도 어느새 태양의 빛으로 감싸여 빛나고 있습니다. 몸의 형체가 하나씩 사라지고 있습니

19) 곽미자, 요가 니드라 워크북, 한국요가출판사(2010)에서 발췌

다. 다리가 사라지고 대신 빛이 있습니다. 배가 사라지고 대신 빛으로 가득 차오르고 있습니다. 가슴이 사라지고 그 자리에 빛이 가득합니다. 팔이 사라지고 빛이 가득 찹니다. 머리가 사라지고 그 자리에 빛이 가득합니다. 주위가 온통 빛으로 가득 차 있음을 바라봅니다.

어디선가 '당신은 빛입니다'라는 소리가 들립니다. '당신은 빛입니다', '당신의 모든 것이 사라져 빛이 되었습니다', '당신은 바로 지고의 빛입니다', '당신은 환희입니다', '당신은 빛입니다.'
(긴 침묵)

숲 속의 빛 체험 : 이른 아침입니다. 나는 지금 숲속에 있습니다. 시원한 공기가 나의 몸으로 스며들고 있습니다. 가슴을 활짝 열어 상쾌한 공기를 폐 깊숙이 마셔봅니다. 그리고 가슴 안의 갑갑한 공기를 밖으로 내보냅니다. 가슴이 시원해지는 것을 느껴봅니다. 다시 눈을 감고 상쾌한 공기를 머리부터 발끝까지 마십니다. 온 몸이 신선한 에너지로 가득 찬 느낌입니다. 숨을 내쉴 때는 온몸에 배어있던 탁한 에너지가 밖으로 나가는 것을 느낍니다.

바람에 흔들릴 때 나뭇잎에서 나는 소리가 들립니다. 걸음을 멈춰 잠시 눈을 감고 바람소리에 귀를 기울여봅니다. 어디선가 산새소리가 들립니다. 산새소리가 가슴깊이 온 몸으로 스며듭니다.

간밤에 내린 이슬로 부드러워진 흙을 밟을때마다 발바닥에서 흙의 에너지가 다리를 거쳐 몸통, 목, 머리 끝까지 올라가는 것을 느껴봅니다. 온몸의 세포가 흙의 기운으로 살아 움직이는 것을 느낍니다. 몸 전체의 혈액이 순환되는 것을 느낍니다.

마음까지 가벼워 가슴은 평화롭고 고요한 행복감이 찾아듭니다. 계속 길을 따라 걷고 있습니다. 앞에 커다란 나무 한 그루가 자신을 반가이 맞이하고 있습니다. 잠시 걸음을 멈춰 커다란 나무 앞에 서 봅니다. 이 나무 둘레는 엄청나게 크며, 가지도 저 멀리까지 뻗어 있습니다. 가만히 나무줄기를 만져봅니다. 손바닥으로 전해지는 나무의 기운을 느껴봅니다. 손가락을 살짝 움직여 나무의 껍질을 쓰다듬어 봅니다. 나무를 쓰다듬을 때마다 고요하고 따뜻한 생명의 에너지가 온 몸으로 펴져오는 것을 느낍니다.

이제 그 나무를 팔을 벌려 가만히 안아봅니다. 자신의 생명과 나무의 생명력이 하나가 되어 전해옵니다. 이때 등 뒤로 따뜻한 아침 햇살이 온 몸으로 퍼지고 있습니다. 나무를 안고 있는 자신은 하나의 커다란 빛줄기가 되었습니다.

▶ 상칼파

앞에서 한 자신의 상칼파를 세 번 반복합니다.

▶ 마무리

내면으로의 여행이 끝나가고 있습니다. 자신의 의식을 바깥에서 들려오는 소리에 둡니다. 바깥에서 일어나는 여러 가지 소리에 깨어있습니다. 이제 자신의 의식을 건물 안에서 들려오는 소리에 둡니다. 이제 이 방안에서 나는 소리에 귀를 기울입니다. 몸에서 느껴지는 촉감을 느껴봅니다. 더운지 추운지 촉촉한지 건조한지... 감은 눈에서 느껴지는 빛이나 형상을 바라봅니다. 입안에서 느껴지는 맛도 알아차립니다. 어떤 냄새가 나는지도 느껴봅니다. 서서히 몸의 끝부분부터 움직입니다. 조금씩 몸 전체를 움직이다가 자리에서 일어나 앉습니다.

이같은 깊은 수행을 통해 자신 삶의 미션을 만나고, 자신이 고수하던 가치가 더욱 넓어져서 편파적이거나 협소함에서 벗어나 자신의 전일성을 만나 에고로 한정되지 않는 진정한 자기자신과 만날 수 있게 될 것이다.

2. Mantra Meditation(만트라 명상)

만트라는 진언(眞言)이라는 의미로 참된 말, 진리의 말이라는 뜻을 가지고 있다. 영적 또는 물리적 변형을 가져올 수 있는 발음, 음절, 낱말, 구절들을 말한다. 편안하게 앉거나 누운 상태에서 호흡에 맞춰 마음속으로 소함(So Ham)이나 함소(Ham So)를 반복한다. 이 만트라는 '호흡 속에서 불멸의 영혼인 그는 바로 나'라는 뜻을 가지고 있다. 즉, '나'라는 존재는 에고(ego)를 너머 선 진정한 자신(아트만; Atman)이라는 의미이다. 들숨에 축복을 마시고 날숨에 영원성에 귀의한다.

3. Mantra와 함께 하는 Nyasa(니야사)

니야사는 '두다', '놓다'는 뜻으로 직접적인 터치나 의식을 특정한 곳에 둠으로써 집중하는 방법으로 이용된다. 만트라의 소리와 감각적 터치가 함께 함으로써 수련자가 더욱 깨어있게 하여 만트라의 특별한 의미가 더욱 깊어질 수 있게 한다.

만트라 : 옴 소마야 나마하(Oṁsomāya namaḥ)

소마(soma)는 달(moon)을 의미하고 나마하(namah)는 '경배하다'는 뜻이다. 성스러운 달을 기꺼이 받아들이면서 달의 부드러운 에너지가 자신의 몸과 마음을 차분하게 해준다고 여긴다.

방법 1)

편안하게 눕거나 앉은 상태에서 들숨에 엄지를 검지 손가락 세 번째 마디에 두면서 달의 에너지가 몸 안으로 들어온다고 상상한다. 날숨에 만트라를 하면서 엄지손가락을 손끝으로 옮기고 튕긴다. 검지부터 새끼 손가락까지 세 라운드를 반복한다.

방법 2)

눕거나 앉은 상태에서 매 날숨마다 만트라를 3회씩 반복하면서 손가락 니야사를 한다. 소리를 내도 좋고 소리를 내지 않고 마음속으로 해도 좋다.

옴(Oṁ) – 3회
옴 나마하(Oṁnamaḥ) – 3회
옴 소마야 나마하(Oṁsomāya namaḥ) – 3회
옴 소마야 나모 나마하(Oṁsomāya namo namaḥ) – 3회

4. Pranayama Meditation(호흡명상)

편안하게 앉거나 누운 상태에서 호흡에 맞춰서 마음 속으로 반복한다. (들숨에) 나는 지금 (날숨에) 여기에 있다. 하고 있는 동안에도 다른 생각으로 마음이 가있는 것을 알게 될 것이다. 그럴때마다 다른 생각을 했음을 수용하고 다시 호흡에 마음을 모으면서 '나는 지금 / 여기에 있다'를 반복한다.

마무리

본 저서는 요가의 철학, 판차코샤를 통해 인문 철학적 측면에서 인간을 5개의 몸(신체), 호흡, 에너지체, 지성, 정신작용의 5개 층, 덮개로 살펴보고, '체세포 집합체'인 물리학적 존재의 관점으로도 보면서 이에 대한 요가, 소매틱 운동, 호흡법 등을 제안해 보았다. 그러나 인간의 신체와 심리는 분리될 수 없으며, 상호 밀접하게 연관 된 심신일원적이며 전일체적 존재이다. 단지 개별적인 신체, 심리적 처한 상태에 따라 5개 코샤, 덮개를 인식해 보면서 현대사회의 양 극단적인 측면을 고려해 볼 때 보다 섬세하면서 깊고 넓은 관점으로 살아있는 생명체로서 인간의 몸에 대하여 신성하고, 새롭게 재 인식 해 볼 필요가 있다고 보며, 이러한 차원에서 잊어버린 몸을 회복하고 존재감을 회복하도록 돕는 일은 신체 중심 치유 및 재활에서 매우 소중한 작업이라고 본다. 따라서 각 개인에 처한 상태에 대하여 한 가지 기법 만이 아닌, 신체를 기반으로 한 여러 가지 융합적인 소매틱스(Somatics)를 체현화하도록 하는 것을 권해 본다.

참고문헌

제1장

김량희(2009). "인도철학에 내재된 신체개념의 체육 철학적 탐구", 전남대학교대학원 박사학위논문, p70~p71.

김정명, 예술지성: 소마의 논리, 서울: 명지대학교출판부(2016).

김종민, 김재은(2021). 요가의 판차코샤와 한의학의 치료적 관점의 유사성, 요가학연구, 제25호, pp.39-65.

박미라, 심리학자는 왜 차크라를 공부할까, 나무를 심는 사람들(2020).

임성용(2020). 소매틱 교육의 임상이론 탐색 및 체험 사례연구. 명지대학교 대학원 박사학위미간행논문.

B.K.S. Iyengar, 『요가호흡 디피카』, 문진희, 현천 공역, 선요가(2015).

Critchley H D, Wiens S, Rotshtein P, Öhman A, & Dolan R. J.(2004). Neural systems supporting interoceptive awareness. Nature Neurosci. February; 7(2) 189-195.

David Lesondak, 『근막이란 무엇이며 왜 중요한가?[FASCIA What it is and why it matters]』, 최종원 역, 서울 영문출판사(2019).

Gibbsons, J., 『골반과 엉치엉덩관절 도수치료 및 운동치료[Functional Anatomy of the Pelvis and the Sacroiliac Joint]』, 강명준 외 역, 서울: 영문출판사(2021).

Hanna, T, 『소마틱스: 노화시계를 되돌리는 자세혁명[Somatics: Reawakening the Mind's Control of Movement, Flexibility, and Health]』, 최광석 역, 서울: 행복에너지(2012).

Paulus M P, Stein M B(2010). Interoception in anxiety and depression. Brain Struct Funct. June; 214, 451-463.

Stanley Keleman. 『감정해부학[Emotional Anatomy]』, 장지숙, 최광석 역, 서울: 군자출판사(2018).

Thomas W. Myers, 『근막경선해부학 3판[Anatomy Trains 3s]』, Cyriax 정형의학연구회 역, 서울: 엘스비어코리아(2014).

섬엽이미지 출처: Insular cortex – Wikipedia – https://en.m.wikipedia.org/wiki/Insular_cortex

토마스하나의 반사 이미지 출처: Clinical Somatics — PeelingTheOnion – https://www.peelingtheonion.co.uk/somatics

제2장

Gary Kraftsow, Yoga for Transformation, Penguin Books(2002).

Gary Kraftsow, 『웰니스를 위한 비니요가』, 조옥경 역, 학지사(2011).

제3장

김정명(2019). 제2기 Somatic Academy교육자료집. KSI(Korea Somatics Institute).

김정명(2020). KSI Digital Somatic Academy Intermediate Level. KSI(Korea Somatics Institute).

김정명(2021.3–5). Gim's Somatic Exercise 디지털 집중수련.

아사나 쁘라나야마 무드라 반다, 한국요가출판사(2006).

박문호. 『뇌과학의 모든 것』, (주)휴머니스트(2020).

양희연(2016). 남인도 요가 명상, 『(사)한국명상학회 제1차 정례회』 자료집.

Awakening Somatic Intelligence, Risa F. Kaparo, North Atlantic Books(2012).

B.K.S. Iyengar, 『요가호흡 디피카』, 문진희, 현천 공역, 선요가(2015).

Martha Peterson, 『15분 소마운동』, 최광석 옮김, 군자출판사(2014).

Thomas Hanna, 『소마틱스,[Somatics]』, 최광석 역, 군자출판사(2021).

Thomas Hanna, Somatics; Reawakening the Mind's Control of Movement, Flexibility, and Health, Hachette Books(2004).

https://ko.wikipedia.org/wiki/고유수용성감각(2021.8.1).

https://ko.wikipedia.org/wiki/신경가소성(21.8.1)

제4장

Judith Hanson Lasater & Schatz & Mary Pullig, Relax and Renew, Rodmell Press(2011).

Leeann Carey, Restorative Yoga Therapy, New World Library(2015).

제5장

곽미자, 요가 니드라 워크북, 한국요가출판사(2010).

Swami Satyananda Saraswati, Yoga Nidra, Yoga Publications Trust(2009).

Richard Miller, Yoga Nidra: A Meditative Practice for Deep Relaxation and Healing, Sounds True(2010).

Richard Miller, The iRest Program for Healing PTSD:A Proven–Effective Approach to Using Yoga Nidra Meditation and Deep Relaxation Techniques to Overcome Trauma, New Harbinger Publications(2015).

한국스포츠심리학회지, 2009, 제20권, 제3호, 117~131
Korean Journal of Sport Psychology
2009, Vol. 20, No. 3, 117~131

여대생의 요가 및 호흡명상 참여 효과에 관한 질적 연구

육영숙(성신여자대학교)*

국문초록

본 연구는 S여대 교양수업 요가에 참여한 학생들을 대상으로 요가 및 호흡명상 수업에서 경험하는 효과를 질적 연구를 통해 심층적으로 알아보는데 그 목적이 있다. 교양 요가 및 호흡명상 수업에 참여한 여대생중 25명을 대상으로 심층면담, 불안요인검사, 일일체험일지를 통하여 자료를 수집하였다. 일일체험일지는 요가 및 호흡명상 수업에 체험을 통해 매일 일지를 작성하게 하였으며, 질적 연구방법을 통해 분석하였다. 그 결과 요가 및 호흡명상 수업에 얻은 효과는 신체적 효과(근육의 향상, 요가자세 향상, 자세교정, 몸의 이완, 호흡조절향상, 체중감량, 규칙적인 생활), 심리적 효과(기분전환, 정서적 안정, 집중력 향상, 스트레스 해소), 생리적 효과(혈액순환, 건강증진, 숙면, 숙변), 인지적 효과(인지의 변화, 신체지각, 추천요소작용)로 구분되어 그 효과가 나타났다. 전반적으로 흐름을 살펴보면 1주에는 신체적, 심리적인 효과가 두드려졌으며, 2주에는 생리적인 효과와 인지적인 효과가 상승함을 볼 수 있었다. 이는 꾸준한 요가운동의 필요성을 인식하게 하였으며, 장기간의 요가운동은 정신적인 요인에 많이 작용함을 보인 것이라 할 수 있겠다. 또한 요가 체험이 일상생활과 연관이 되어 생활습관의 변화를 가져왔으며, 더불어 피로회복과, 불안, 우울증 감소로 인해 모든 생활의 활력을 동반한 자신감 상승을 보였다. 그리고 자신의 몸에 대한 이해뿐만 아니라 자신의 몸을 위해 건강을 돌볼 수 있는 자세를 갖추게 된 것으로 나타났다. 교양체육으로 요가는 학교생활의 만족뿐만 아니라 정신건강과 더불어 건전한 대학생활을 영위할 수 있는 바탕이 될 것으로 사료되며, 학습과 함께 신심의 단련도 조화롭게 이루어져야 함을 제한하였다.

주요어 : 요가, 호흡명상, 심층면담, 일일체험일지, 참여관찰

Ⅰ. 서 론

최근 요가는 복잡한 현대사회에서 긴장을 해소하고 건강과 미용을 증진시킬 수 있는 최고의 심신요법으로 각광 받고 있지만 아직까지 대부분의 요가 수련자들은 요가를 일종의 운동으로 여기는 경우가 많다. 그러나 무슨 이유로 요가를 시작했든 어느 시점이 되면 요가가 단순히 육체만을 위한 것이 아님을 어렴풋이나마 깨닫게 된다(최정음, 2004).

요가에서의 호흡은 단순히 숨을 들이쉬고 내쉬는 차원을 넘어서서, 생체에너지인 프라나(prana; 인간 존재뿐 아니라 우주 전체에 퍼져 있는 에너지로 생명력 또는 氣로 지칭)의 흐름을 조절하고 활성화시키는 것을 의미한다. 그런데 몸과 마음을 연결해 주는 연결고리인 호흡은 중추 신

* yookys@sungshin.ac.kr

비행청소년의 정서 및 심리적 안녕을 위한 심신치유 복합 프로그램의 적용

The application of a complex mind-body healing program for a juvenile delinquent's emotional and psychological well-being

육영숙* 성신여자대학교
Yook, Young-Sook *Sungshin Wonmen's Univ.*

요약

본 연구는 요가와 게슈탈트상담의 복합 프로그램 적용이 비행청소년의 정서 및 심리적 안녕의 향상에 효과가 있는지를 검증하는데 그 목적이 있다. 연구대상은 가출청소년이 거주하고 있는 서울 및 경기도 지역의 청소년 쉼터 4개소의 여자 가출 청소년을 대상으로 실험 3개 집단(요가와 게슈탈트상담을 접목한 복합집단 10명, 요가집단 8명, 게슈탈트 상담집단 8명)과 통제 1개 집단(무 처치의 집단 8명)으로 총 4개 집단의 34명을 대상으로 하였다. 본 연구는 실험 3개 집단에 대하여 2개월간 16회기에 각 각의 프로그램을 처치하였으며, 사전 사후로 심리요인별(불안, 분노, 우울, 심리적 안녕감) 자료를 수집하였다. 연구결과를 보면 정서요인인 불안, 분노 그리고 우울, 심리적 안녕감 등 모든 요인에서 요가집단이 가장 높은 효과가 검증되었으며, 복합집단에서는 상태불안, 순간분노, 자신에 대한 부정적 생각, 우울한 기분에서 그 효과가 검증되었다. 게슈탈트 상담집단은 순간적인 분노에서만 유의한 차이가 나타났다. 심리적요인의 향상은 비행청소년들에게 정신적으로 긍정적인 면을 가지게 하였으며, 차후에 비행예방차원에서 그 효과를 보일 것이라 사료된다. 따라서 비행 청소년의 정서 및 심리적 안녕을 고양하기 위하여 요가와 같은 신체활동을 통한 정서 및 심리치유 프로그램에 관하여 지속적인 연구와 지원이 강조된다.

Abstract

The purpose of this study is to verify whether the application of a complex program with yoga and Gestalt counselling is effective in improving a juvenile delinquent's emotional and psychological well-being. The subject was 34 runaway girls living in the 4 juvenile resting places in Seoul and Gyunggi-do where runaway juveniles lived, who were divided into a total of four groups with three experimental groups(10 into complex group where yoga was grafted into Gestalt the programs. The findings verified that yoga group had the highest effect in the emotional factors such as anxiety, anger, depression and a sense of psychological well-being. The effect of complex group was verified in state anxiety of anxiety, momentary anger of anger, and one's own negative thought about oneself and depressed mood of depression. Gestalt counselling group made a significant difference only in momentary anger. I think that the improvement of psychological factors in yoga and complex groups caused juvenile delinquents to have spiritually positive aspects, and that it will have an effect on future delinquency prevention. Thus, I emphasized continuous study and support for an emotional and psychological healing program through physical activity like yoga to enhance a juvenile delinquent's emotional and psychological well-being.

Key words: anxiety, depression, anger, a sense of psychological well-being, Gestalt counselling and a complex mind-body healing program

"이 논문은 2008년 정부(교육과학기술부)의 재원으로 한국연구재단의 지원을 받아 수행된 연구임(KRF-2008-332-G00061)"
"This work was supported by National Reserch Foundation of Korea Grant funded by the Korean Government(KRF-2008-332-G00061)"
* yookys@hanmail.net

우리 아이가 달라졌어요. 비행청소년들을 위한 심신치유복합프로그램

성신여자대학교 스포츠레저학과
육영숙 교수

"보이지 않는 상처를 어루만지는 새로운 방법"

→ 사회의 심각한 문제로까지 대두되고 있는 비행청소년들

외로움, 분노, 불안 등 비행청소년들이 갖고 있는 심리적 특성을 제대로 해소해 줄 수 있는 방법은 없을까? 육영숙 전임강사는 비행청소년의 정서 그리고 심리적 안녕감을 돕기 위한 새로운 프로그램을 개발! 비행청소년들의 변화를 이끌어냈다.

"정신과 신체가 통합된 심신치유프로그램"

n청소년 쉼터, 요가

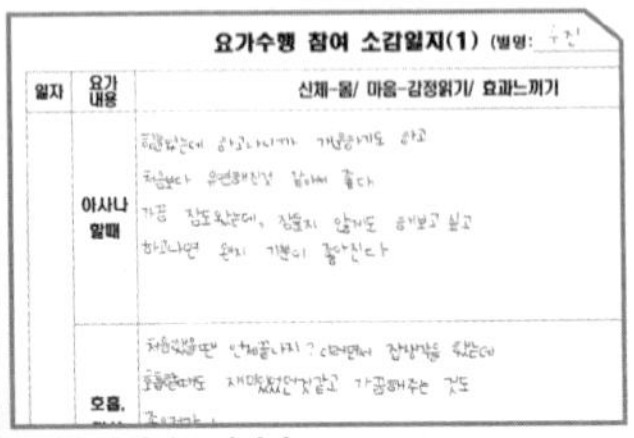

요가수행 참여 소감일지(1) (별명:)

일지	요가 내용	신체-몸/ 마음-감정읽기/ 효과느끼기
	아사나 할때	
	호흡.	

요가수행 참여 소감일지

프로그램의 효과성을 검증하기위해 서울 및 경기도 지역의 청소년 쉼터 4개소를 선정, 집단을 총 4개로 구분한 후 주 2회, 총 16회 심신치유프로그램을 실시하였다. 프로그램 실시 후 불안, 분노, 우울, 심리적 안녕감 등 다양한 심리요인에서 변화를 발견! 요가와 게슈탈트(정서와 욕구를 중요시하는 심리치료)복합적인 상담이 심리적 안녕감 향상뿐만 아니라 비행을 일으키는 청소년들의 정신적 건강에도 영향을 미치는 것으로 나타났다.

1. 요가 처치집단
2. 게슈탈트 상담 처치집단
3. 요가 & 게슈탈트 상담 복합 처치집단
4. 무 처치 통제 집단

총 4개 집단으로 구분

"심리치료의 새로운 장을 열다!"

본 연구는 비행청소년의 쉼터, 청소년 보호소 등 사회기관의 심리상담은 물론 일반인을 위한 심리 상담, 암 질환 투병자 및 정신과적인 불안, 우울을 호소하는 환자에게도 적용이 가능! 심신의 건강을 도모하는 프로그램 개발에 파급효과가 있을 것으로 기대된다.

교육과학기술부 NRF 한국연구재단

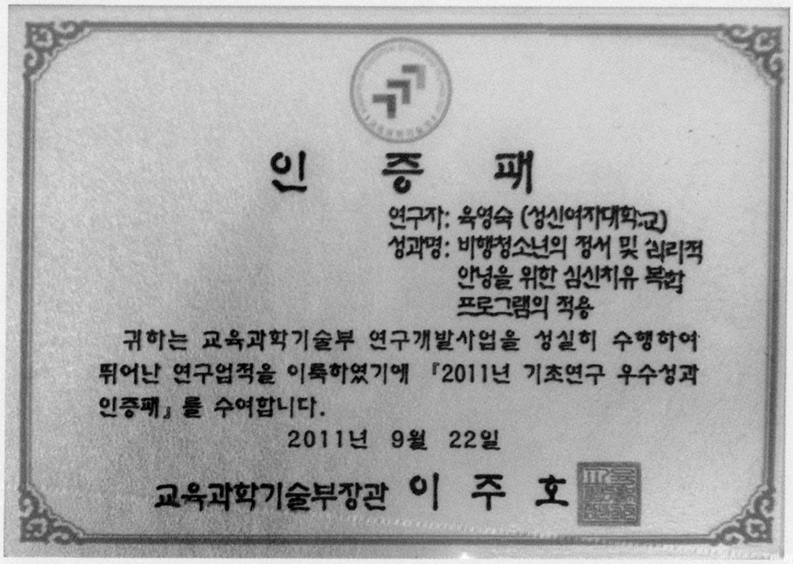
인 증 패
연구자: 육영숙 (성신여자대학교)
성과명: 비행청소년의 정서 및 심리적
안녕을 위한 심신치유 복합
프로그램의 적용
귀하는 교육과학기술부 연구개발사업을 성실히 수행하여
뛰어난 연구업적을 이룩하였기에 『2011년 기초연구 우수성과
인증패』를 수여합니다.
2011년 9월 22일
교육과학기술부장관 이 주 호

한국스포츠심리학회지, 2012, 제23권, 제1호, 137~150
Korean Journal of Sport Psychology
2012, Vol. 23, No. 1, 137~150

지역사회 내 우울환자를 위한 치유복합운동 프로그램의 심리·생리적 효과 검증*

육영숙(성신여자대학교)**

국문초록

본 연구는 지역사회 내 우울환자를 대상으로 유산소성 댄스와 요가를 복합한 치유프로그램을 적용하여 심리·생리적 효과를 검증하는데 목적이 있다. 연구대상은 서울시 J구 정신과병원에서 지역사회에 홍보를 통해 모집한 신청자 중 우울검사(BDI)에서 참여 가능한 실험집단 및 통제 집단의 환자 각 8명의 우울 환자였다. 실험 집단은 8주 동안 주 2회, 하루 100분의 총 16회기 치유복합프로그램을 처치하여, *t*-test와 공분산분석으로 두 집단 간 사전 사후 검증을 하였다. 연구결과는 다음과 같다. 첫째, 간이정신진단 검사결과 실험집단은 신체화, 강박증, 대인민감증, 우울증, 불안증, 적대감, 공포불안, 편집증, 정신증 증상요인과 부가적 문항 모두에서 효과가 검증되었으며, 두 집단 간 유의한 차이가 있었다. 둘째, 행복감 검증결과 실험집단에서 만족감과 긍정정서의 향상과 부정정서가 감소하는 효과가 있었고, 집단 간 유의한 차이가 있었다. 셋째, 자아존중감은 실험집단에서 긍정자아 및 부정자아의 효과가 검증되었고, 집단 간에서는 부정적 자아에서만 유의한 차이가 있었다. 넷째, 생리적 검증에서 심박수 및 신체조성의 변화에서 다소 감소하였으나 통계적으로 유의한 차이가 없었다. 본 연구의 결과는 우울증 치료를 위한 운동중재요법으로서 요가와 유산소성 댄스의 복합프로그램이 효과가 있으며, 향후 임상적 운동심리학연구 및 학제 간 융합연구의 활성화에 기초자료를 제공하는데 의미가 있다고 생각한다.

주요어 : 우울환자, 요가, 유산소성 댄스, 간이정신진단, 행복감, 자아존중감, 심박수, 신체조성

I. 서 론

최근 우리나라 자살률은 인구 10만 명당 24.8명으로 OECD국가들의 11.2명에 비해 2배 이상 높은 것으로 나타났다. 실업, 가계부실, 경쟁사회에서의 스트레스, 이혼 증가로 인한 사회적 지지망의 약화, 불안감과 우울감의 증가, 생명경시 풍조 등이 자살의 원인으로 대두되고 있으나(기독일보, 2008), 전문가들은 그 중에서도 '우울증'을 주요 원인으로 꼽고 있으며, 이러한 정신장애로 인한

* 이 논문은 2010년 정부(교육과학기술부)의 재원으로 한국연구재단의 지원을 받아 수행된 연구임(NRF-2010-332-G00070).

This work was supported by National Reserch Foundation of Korea Grant funded by the Korean Government(NRF-2010-332-G00070)
** yookys@sungshin.ac.kr

한국스포츠심리학회지, 2014, 제25권, 제4호, 55~69
Korean Journal of Sport Psychology
2014, Vol. 25, No. 4, 55~69 DOI http://dx.doi.org/10.14385/KSSP.25.4.55 ISSN 1226-685X

마음챙김 요가가 유방암 생존자의 삶의 질에 미치는 영향

육영숙 · 유범희 · 김지혜 · 한명우 · 박정은*

성신여자대학교 운동재활복지학과 · 유범희 정신건강의학과의원 · 성균관대학교 의과대학, 삼성의료원 정신건강의학과 · 선문대학교 스포츠과학부 · 성신여자대학교 스포츠레저학과

The Effects of Mindfulness Yoga Program on Quality of Life in Breast Cancer Survivors

Young-Sook Yook (Sungshin Women's University), Bum-Hee Yu (Dr. BumHee Yu's Psychiatric Clinic), Ji-Hae Kim (Sungkyunkwan University, Samsung Medical Center), Myung-Woo Han (Sun Moon University), and Jung-Un Park (Sungshin Women's University)

Department of Rehabilitation Welfare, Seoul, Korea · Psychiatric Clinic, Seoul, Korea · Department of Psychiatry, Seoul, Korea · Department of Sport Science, Asan, Korea · Department of Sport & Leisure, Seoul, Korea

Purpose: The purpose of the present study was to examine the physical and psychological benefits afforded by a 6-week yoga program for breast cancer survivors. **Methods:** Eligible participants (per-screened) were to the intervention group 17. All participants completed pre- and post-testing assessments immediately before and after the Mindfulness yoga program. Statistical analyses were paired samples *t*-test by SPSS 19.0. **Results:** The Mindfulness yoga program participants(female) included primarily breast cancer survivors, on average 46.5 months post-diagnosis. Significant differences between pre and post at post-intervention were seen only in psychosocial(i.e. QOL; Role function, Appetite loss, Constipation and PSQI) Finally, there were also significant improvements in the program participants from pre- to post-intervention on physical variables(Weight, BMI). **Conclusion:** The mindfulness yoga program has a positive effect on Quality of life in Breast cancer survivors. Future research might attempt to include control group and a longer program duration.

Key words : Breast cancer survivor, Mindfulness yoga, Quality of life, Insomnia, BMI

I. 서 론

유방암은 대표적인 여성암으로 우리나라 여성의 유방암 발생율은 매년 평균 15%의 증가를 보이고 있으며, 세계 평균 증가율보다 20배가 높게 나타난다 (Ministry of Gender Equality & Family, 2010). 이

주요어: 유방암 생존자, 마음챙김 요가, 삶의 질, 수면의 질, BMI
* Corresponding author: Jung-Un Park
Department of Sports & Leisure, Sungshin Women's University, 249-1 Dongseon-Dong 3Ga, Seongbuk-Gu Seoul, 136-742
Tel: 02-920-7513, Email: park@sungshin.ac.kr
- 이 논문은 한국연구재단 2011년 학제간융합연구 지원사업 지원을 받아 수행되었음(NRF-2011-371-G00010).
투고일: 2014년 10월 14일 / 심사완료일: 2014년 11월 25일 / 게재확정일: 2014년 11월 25일

여자 쇼트트랙 스피드스케이트 선수의 마음챙김 기반 심리훈련 (MBPST) 효과

The Effects of the Mindfulness-based Psychological Skills Training (MBPST) on Female Short Track Speed Skaters

육영숙* 성신여자대학교
Yook, Young-Sook *Sungshin Women's Univ.*

요약

이 연구는 마음챙김을 기반으로 한 심리기술프로그램을 선수에게 적용하여 그 효과를 검증하고자 S실업팀 스피드스케이트 쇼트트랙 팀 여자선수 3명을 연구대상으로 하였다. 2015년 6월부터 8월까지 총 12회기의 프로그램이 적용되었으며, 진행기간 동안에 외국전지 훈련과 여름휴가가 있었다. 집단상담은 주2회 1일 3시간 초기 3주간 이루어졌고, 외국전지훈련 후 이어서 3주간 다시 진행되었다. 그 결과 경기심리적인 측면으로 자기관리행동과 스포츠수행전략요인을 측정, 두 요인들이 전체적으로 상승하였고, 정서심리적인 측면으로 기분상태와 운동스트레스요인을 측정, 두 요인이 처음보다 긍정적인 상승 및 긍정적 감소 결과가 나타났다. 그러나 그 중 한 선수는 전지훈련 후 기분상태요인과 운동스트레스요인에서 처음보다 낮게 나타나는 부정적인 결과를 보였다. 이는 전지훈련으로 인한 환경의 제약과 변하지 않는 대인관계에 대한 부분으로 보이며, 그 후 프로그램적용으로 회복되는 결과가 보였다. 본 연구를 통하여 여자 쇼트트랙 스피드스케이트 선수에게 적용한 마음챙김에 기반 심리기술 훈련은 그 효과성을 보였으며, 제언으로는 첫째, 실제 수행과 경기력에 대한 영향 그리고 개인별 상이한 심리변화에 따른 프로그램이 장기간 적용될 필요성이 요구되며, 지속적인 심리기술지원에 대한 협회 및 단체의 적극적 지원, 그리고 심리중재를 위한 지도자의 인식개선과 심리적 중재사의 적절한 조절이 요구된다.

Abstract

To verify the effects of the Mindfulness-based Psychological Skills Training (MBPST), a group counseling was conducted on three female short track speed skaters for 12 sessions. The result of the quantitative measure shows sports performance strategy, self-management, sports stress, and emotions were positively improved after the first three weeks counseling, but during the off-site training, they were decreased a little bit. However, in the three weeks after the session, they were all positively increased eventually. The qualitative analysis is categorized in the effect from the sports psychological aspect (Sports performance strategy segmentation and practice, and Change in self management), and the effect of the affective aspect (Mindfulness and Self-reflection, and Emotional well-being). Suggestions are a long-term study applying players' individual performance and competitiveness, and a psychological educational program on young players to help their growth-oriented development, and improving coaches' recognition as a mediating role with psychological skills.

Key words: short track speed skating, Mindfulness, Psychological Skills, Group counseling

---

이 논문은 2015년도 성신여자대학교 학술연구조성비 지원에 의하여 연구되었음
* yookys@sunshing.ac.kr

한국체육학회지, 2017, 제56권 제5호, 157-171
http://dx.doi.org/10.23949/kjpe.2017.09.56.5.13
The Korean Journal of Physical Education, 2017, 56(5), 157-171
ISSN 1738-964X(Print) / ISSN 2508-7029(Online)

하타요가 참여가 여대생의 신체-심리기능 회복에 미치는 영향 - 체지방량, 복부지방량, BMI, 유연성, 평형성, 척추기능, 비만스트레스, 생활만족감 중심으로

The Effects of Participating Hatha Yoga on the Physical-Psychological Functional Recovery of Female University Students

육영숙* 성신여자대학교
Yook, Young Sook Sungshin Women's Univ.

요약

본 연구는 하타요가에 참여한 여대생의 신체-심리적 기능의 효과를 검증하기 위하여 서울의 S여대 교양체육, 하타 요가 참여자 44명의 실험집단에서 체지방량, 복부지방량, BMI, 유연성, 평형성 및 척추기능의 신체적 변인을 측정하였고, 하타요가와 비교집단 헬스참가자에게 비만스트레스 및 생활만족감의 심리적 변인을 검사하였다. 사전 사후 간 비교하기 위하여 t-검증과 공분산분석(ANCOVA)를 실시하였다. 그 결과 하타요가 참여 여대생의 체지방량 및 복부 지방량이 감소하고 유연성 및 평형성(좌측)이 증가 하였으며, 비만스트레스 요인 중 신체불편비만은 두 집단 모두 감소하였고, 정신적스트레스는 하타요가 집단에서만 감소하였다. 생활만족감의 자아실현, 유능감, 몰입감, 쾌락즐거움 4개 하위요인 모두 하타요가 집단에서 향상되었다. 대학시기에 하타요가 뿐 아니라 다양한 운동 및 신체활동 참여는 심신의 건강증진 뿐 아니라 성인기의 운동실천으로 전이될 수 있어 그 경험과 인지가 중요하다고 사료되며, 향후 요가의 다양한 아사나 동작에 따른 척추 자세정렬의 효과, 근력 평가 및 역학적 측면과 일상의 바른 자세교육을 포함한 프로그램 개발 및 다 학제적인 검증이 필요함을 제언하였다.

주요어: 하타요가, 신체-심리기능, 체지방량, 복부지방량, BMI, 유연성, 척추기능, 비만스트레스, 생활만족감

Abstract

This study was designed to examine the effects of physical-psychological functional recovery among female university students. The participants (N=44) were recruited at a liberal PE class of S University in Seoul for the experimental purpose. Hatha yoga participants' body fat, abdominal fatness, BMI, flexibility, balance and vertebral function were measured. Additionally, obesity stress and life satisfaction were measured both for the comparing group participating in fitness and the experimental group. To compare and analyze the pre and post effects of the yoga program, t-test and ANCOVA were conducted. The results indicated that decreased body fat and abdominal fatness and increased flexibility and balance(left) were found after the participation of the Hatha yoga. Moreover, the physical discomfort factor of obesity stress was decreased in both groups while the mental stress factor was decreased only in the Hatha yoga participants. All four factors of life satisfaction were increased among the experimental group. Therefore, the study concluded that physical activities including Hatha yoga of university students seem to play an important role for the next stages of life, to which the participation of physical activities can be retained and transferred. The directions of future research are discussed such as an interdisciplinary approach to examine posture control, biomechanical evaluation of yoga movements and participation.

Key words: Physical-Psychological Functional, Body Fat, Abdominal Fatness, BMI, Flexibility, Balance, Vertebral function, Obesity Stress, Life Satisfaction

이 논문은 2016년도 성신여자대학교 학술연구조성비 지원에 의하여 연구되었음.
* yookys@sungshin.ac.kr

한국스포츠심리학회지, 2017, 제28권 제3호, 35-49
Korean Journal of Sport Psychology
2017. Vol. 28, No. 3, 35-49

DOI http://dx.doi.org/10.14385/KSSP.28.3.35
ISSN 1226-685X

기계체조 선수의 마음챙김 기반 심리훈련(MBPST)의 효과

육영숙* 성신여자대학교

The Effects of the Mindfulness-Based Psychological Skills Training(MBPST) on Gymnasts

Youngsook Yook *Sungshin Women's University*

목적: 본 연구의 목적은 엘리트 기계체조선수에게 마음챙김 기반 심리기술 훈련을 6주간 12회 적용하여 그 효과를 양적·질적 탐색 하고자 하였다. 이를 통해 심리기술훈련의 새로운 접근인 마음챙김 기반의 프로그램의 새로운 지평을 넓히고 경기력 향상을 목표로 하는 운동선수들의 심리기술 향상과 수행향상의 메커니즘을 규명할 수 있을 것으로 기대하였다. **방법**: 연구의 참여자는 실업팀 기계체조 5명으로 구성되었다. 본 연구의 심리기술 훈련의 효과를 검증하기 위해 스포츠수행전략, 낙관성, 한국판스포츠자신감 질문지를 활용하였다. 또한 선수들의 경험과 훈련효과를 심층적으로 고찰하기 위해 심층면담(in-depth interview)을 통한 질적 자료를 수집하였다. **결과**: 첫째, 양적분석결과 심리기술과 자신감의 변화에 대한 경향성을 발견하였으며 선수들의 낙관성에 가장 큰 변화를 가져온 것으로 분석되었다. 특히, 심리기술의 하위요인 중 혼잣말을 제외한 모든 요인에서 효과가 나타났으며 자신감의 하위요인 중 신체/정신적 준비에서 사후와 추적검사 모두 사전검사 보다 향상이 발견되었다. 둘째, 질적 분석 결과 선수들의 수용을 통한 수행과 주의 향상, 자기이해를 통한 새로운 관점생성과 우선순위 집중, 직면하기와 유연성을 통한 역할과 가치의 명확성, 목표설정과 실행력을 통한 의지향상, 신체·심리기술의 배양으로 감정과 자기조절 능력의 생성, 삶의 마음챙김 적용으로 개인의 성장과 생활기술 향상을 확인하였다. **결론**: 본 연구를 통한 마음챙김 기반 심리기술 훈련의 양적, 질적 효과를 확인하였으며 의미에 대한 논의를 기술하였다.

주요어: 마음챙김, 심리기술훈련, 기계체조, 자기조절, 수용, 낙관성, 자신감

I. 서 론

고도의 경쟁상황에서 최고의 수행을 추구해야 하는 운동선수들은 수많은 외부의 자극과 환경의 변화에 영향을 받을 수밖에 없다. 중요한 사실은 예측과 통제가 불가능한 외부의 자극과 환경의 변화는 감정의 변화를 불러일으키고, 직면한 상황에 대한 해석과 반응은 행동과 수행에 영향을 미친다(Weinberg & Gould, 2014). 하지만 그 반응은 능동적이거나 수용적일 수도 있다(문현미, 2005). 흔히 스포츠 현장에서 강조되는 정신력은 강인함, 투지와 끈기와 같은 요소들로 이해되고 선수들에게 장려되는 경향이 있으나, 선수들로 하여금 자신이 조절 가능한 것에 집중하게 하는 것과 조절 가능한 것은 외부자극에 대한 자신의 반응이라는 것이라는 점을 상기시킬 필요가 있다.

심리적 강인함(hardiness)의 관점에서 통제에 초점을 둔 학자들은 인간은 스트레스나 부정적 정서 또한 자기 스스로 만들어 낼 수 있으며(Maddi, 2002), 이 점을 정확하게 인식하고 이에 대한 각자의 반응과 인지적 해석 및 평가를 교정하는 노력이 필요하다고 주장하였다(김종운, 박성실, 2011). 이와 같은 전통적 관점에서 상황의 인지적 해석과 반응의 통제의 중요성에 초점을 두고 운동선수들의 최적의 심리상태를 위한 심리기술훈련이 진행되고 있다. 여러 가지 이론과 접근으로 연구되고 있는 운동선수들을 위한 심리기술훈련의 한 가지 공통점은 심리기술 또한 훈련되고 연마되어야 하는 기술 중 하나라는 점이며(Vealey, 2007), 심리기술훈련의 궁극적 목표는 자기조절(self-regulation)훈련이라는 사실이다(Vealey, 1988). 약 40년 전부터 스포츠심리학자들은 인지-행동 이론을 바탕으로 심리기술훈련(PST, psychological skills training)을

* Corresponding author: Youngsook Yook
Department of Exercise Rehabilitation Welfare, Sungshin Women's University. 2, Bomun-ro, 34Da-Gil, Seongbuk-Gu, Seoul, 02844. TEL:02-920-7571, Email: yookys@sungshin.ac.kr

The Asian Journal of Kinesiology

Asian J Kinesiol 2019; 21(2): 59-69 · DOI: https://doi.org/10.15758/ajk.2019.21.2.59

Case Study

Effect of Mindfulness Based Sport Psychology Counseling on Injured Junior Baseball Players in Rehabilitation Process-Case Study

Yook Young Sook[1]*

[1] Sungshin Women's University

Received: April 19, 2019
Accepted: April 29, 2019
Published online: April 30, 2019

Keywords:
Junior baseball players
Mindfulness
Pain
Rehabilitation
Sports injury

Check for updates

ABSTRACT

OBJECTIVES Athletes and other stakeholders tend to focus on their physical aspects of rehabilitation although psychological factors may contribute to the success of return to sports. Therefore, the purpose of this case study was to apply the mindfulness based psychological skills training to injured junior baseball players during the rehabilitation process and examine the effect of the program.

METHODS The 8 sessions of the mindfulness based psychological skills training were conducted for 4 participants and K-PCS, K-CAMS-R, Perceived Performance Level, TOPS, PANAS, and CSAI-2 were implemented and analyzed.

RESULTS As a result, all of the variables significantly varied in a positive way after the intervention and additionally qualitative results, such as mindfulness and imagery, aided the quantitative result.

CONCLUSIONS Such positive effects of the intervention reinforced the importance of the role of psychological rehabilitation for injured athletes, and implication of this study was discussed.

서론

최근 해외 선행연구에 따르면 지난 1년간 축구, 아이스하키, 농구, 크로스컨트리 스키, 피겨스케이팅, 체조 그리고 육상 등에 참여하는 남•녀 청소년 선수들 중 50.4%가 스포츠와 관련된 부상을 경험한 것으로 보고되고 있다[1]. 고도의 의학적 지식과 기술의 도움으로 대부분의 부상선수들은 부상 이전의 건강과 수행 수준 혹은 그 이상으로 완전히 회복 할 수 있는 가능성을 가지고 있다. 하지만 많은 선수들이 부상 이전의 수준으로 회복하는데 있어 실패를 경험하고, 이러한 실패는 종종 심리적 요인들이 원인일 수 있다[2].

이는 심리적 요인들이 부상 발생에 영향을 미칠 수 있고 또한 선수들이 부상에 성공적으로 대처하고 나아가 재활의 성공에도 영향을 미칠 수 있기 때문이다.[3-6]. 또한 여러 연구들을 통해 스포츠 손상과 자신감 감소, 개인 정체성 상실, 불안, 우울, 고립감 등 사이의 연결고리가 발견되어 왔다[8-10].

운동선수들의 부상은 신체적인 반응 뿐만 아니라 인지적, 정서적, 행동적 반응을 야기하기 때문에 신체적인 재활 뿐만 아니라 인지, 정서, 행동 반응을 조절하는 심리적 접근을 병행할 필요가 있다[11]. 하지만 여러 가지 이유에서 운동선수들은 신체적 재활에 초점을 두고 신체적 회복에만 집중하는 경향이 있다. 따라서 부상이나 재활과정 중 발생한 심리적 문제를 해결하지 못한 채 현장에 복귀하게 되는 경우가 종종 있다.

운동선수의 재활과정에서 통증, 두려움, 과실평가는 재활 실패를 야기할 수 있는 요인으로 알려져 있다[12].

***Correspondence:** Yook YoungSook, Department of Exercise Rehabilitation Welfare, Sungshin Women's University, 2, Bomun-Ro 34Da-Gil, Seongbuk-Gu, Seoul, Korea
Tel: +02-920-7571; E-mail: yookys@sungshin.ac.kr

한국스포츠심리학회지, 2018, 제29권 제4호, 57-73
Korean Journal of Sport Psychology
2018. Vol. 29, No. 4, 57-73

DOI http://dx.doi.org/10.14385/KSSP.29.3.57
ISSN 1226-685X

마음챙김 기반 신체-심리 운동 프로그램이 소방공무원의 외상 후 스트레스(PTSD) 증상 감소에 미치는 영향*

육영숙** 성신여자대학교

The Effects of Mindfulness based Body-Psychological Exercise Program on the Reduction of Post-Traumatic Stress(PTSD) Symptoms in Fire Officials

Youngsook Yook *Sungshin Women's University*

목적: 외상성 사건을 자주 경험하는 소방공무원은 상당한 신체 및 심리적 스트레스에 시달리고 있을 뿐만 아니라 PTSD의 위험에 노출되어 있다. 이에 본 연구에서는 마음챙김 기반 신체-심리 운동 프로그램이 소방공무원의 PTSD 증상에 미치는 영향을 알아보고자 하였다. **방법:** 서울의 G 소방서에서 근무 중인 24명의 소방공무원이 참가하였으며, 처치집단(n=12)에 주 2회 매 회기 당 약 2시간가량 마음챙김 기반 신체-심리 운동 프로그램을 진행하였다. 양적 분석을 위하여 첫 회기와 마지막 회기에 삶의 질, 사건 충격 척도, 신체감각 증폭 척도, 신체적 증상 척도를 포함하는 설문지를 실시하여 집단 간 차이를 비교하고자 하였다. 또한 질적 분석을 위하여 매 회기 집단면담을 실시하였으며 모든 프로그램이 종료된 시점으로부터 1주일 뒤 개별면담을 진행하였다. **결과:** 통제집단과 비교하여 처치집단에서 삶의 심리적 만족도가 높아졌고, PTSD 증상, 심혈관 문제가 호전되는 것으로 나타났다. 질적 분석의 경우, 크게 다섯 가지 영역-신체 감각, 마음챙김 경험, 심리적 안정, 행동 변화, 심신 일원에 대한 보고가 나타났다. **논의:** 마음챙김 기반 신체-심리 운동 프로그램의 양적, 질적 효과에 대해 논의하였으며, 본 연구의 제한점 및 미래 연구 방향에 대해 기술하였다.

주요어: 마음챙김, 신체-심리 운동 프로그램, 외상 후 스트레스 장애, 소방공무원

I. 서 론

생명의 안전을 보장받지 못한 채 위급한 상황에 뛰어들어야 하는 소방공무원은 지속적인 신체적 및 정신적 스트레스를 경험하고 있다. 이들은 타 직종에 비해 심혈관질환과 같은 만성질환의 유병률이 높으며(Calvert, Merling, & Bumett, 1999; Guidotti, 1992), 유독가스와 고온, 농연 등 각종 유해물질에 노출되어 사고 위험도 높다(조길영, 1998; Kim, Ha, & Yi, 1997; DY Kim, 1992; JT Kim, 1991; Markowitz, Gutterman, Schwartz, Link, & Gorman, 1989). 또한 거의 모든 현장에서 착용하는 소방방화복은 작업 에너지 소모량을 약 50% 가량 증가 시키며(Duncan, Gardner, & Barnard, 1979; Selkirk & McLellan, 2004), 방화 현장과 같은 주위의 온도 상승은 혈압 상승(정일규, 윤진환, 2006) 및 최대 산소량 감소(허만동, 방창훈, 2010)로 이어진다. 이러한 여러 가지 이유로 이들은 짧은 시간 내에 지치게 되는데, 특히 중증도의 피로수준을 보이며 평소 수면을 부족하게 느낀다고 보고되고 있다(김건형, 김정원, 김성훈, 2006).

이러한 신체적 스트레스와 함께, 소방공무원의 정신적 스트레스도 심각하다. 이들은 불면증, 알코올 사용장애의 위험성도 높으며, 소방공무원 10명중 1명이 자살 생각을 한다는 것이 밝혀져, 조속한 대책의 마련이 필요하다는 주장이 있다(메디컬투데이, 2018.10.05.). 특히, 참혹한 현장과 같은 외상성 사건에 빈번히 노출되어 외상 후 스트레스 장애(post-traumatic stress disorder;

* 이 논문은 2017년 대한민국 교육부와 한국연구재단의 지원을 받아 수행된 연구임(NRF-2017S1A5A2A01025014)
** Corresponding author: Youngsook Yook
Department of Exercise Rehabilitation Welfare, Sungshin Women's University, 2,Bomun-ro 34da-gil, Seongbuk-gu, Seoul, 02844.
Tel: 02-920-7571, Email: yookys@sungshin.ac.kr

Sleep Medicine and Psychophysiology
수면 · 정신생리 25(2): 58–67, 2018

□ 원 저 □

https://doi.org/10.14401/KASMED.2018.25.2.58

해양자원을 활용한 심신치유기법이 여성 감정노동자들의 수면, 우울 및 기분 증상 개선에 미치는 효과 : 예비 연구

Effects of a Mindfulness-Based Mind-Body Intervention Program using Marine Resources on the Improvement of Sleep Quality and Mood Symptoms in Korean Female Emotional Labor Workers : A Pilot Study

이상아[1*] · 이성재[2*] · 육영숙[3] · 허유정[1] · 이민구[4] · 조휘영[5] · 이재헌[6]

Sang-Ah Lee,[1*] Sung-Jae Lee,[2*] Young-Sook Yook,[3] Yu-jeong Huh,[1]
Min-Goo Lee,[4] Hwi-young Choi,[5] Jae-Hon Lee[6]

■ ABSTRACT

Objectives: The purpose of this pilot study was to examine the effects of a mindfulness-based Body-Mind Intervention Program using marine resources on the improvement of quality of sleep, mood symptoms, and cognitive function in Korean female emotional labor workers.

Methods: Twelve female workers who experienced excess emotional labor participated at the training camp program for five days in Danghangpo-ocean park, Goseung-gun, Gyeongnam Province in South Korea. Participant sleep quality, mood symptoms, and cognitive functioning before, after, and 1.5 months later were evaluated and analyzed.

Results: After participating in the marine resource program, participants reported significantly decreased sleep latency. Global sleep quality, cognitive functions (attention, flexibility, and inhibition control), and mood states, including depression, tension, anger, fatigue, were also improved. These effects were generally maintained after 1. 5 months (PSQI t = 2.63, p = 0.02 ; HAM-D t = 5.92, p < 0.001).

Conclusion: A Body-Mind Intervention Program using marine resources was effective in relaxing emotion-related tension and improving cognitive function. To advance this pilot study, it is necessary to carry out further research to investigate the use of marine resources in mental health interventions. **Sleep Medicine and Psychophysiology 2018 ; 25(2) . 58-67**

Key words: Cognitive function · Depression · Emotional labor · Marine resource · Quality of sleep.

서 론

현대로 접어들며 산업 구조가 변화하면서 서비스 산업의 비중이 점점 커지고 있다. 선진 자본주의 국가에서는 이미 서비스 산업 취업자의 비율이 70%를 넘어섰으며, 우리나라의 경우 전체 취업자의 65.2%가 서비스 산업에서 일하고 있다(Kim 2011). 콜센터 상담원, 판매직, 간호사 등과 같이 고객 및 소비자를 응대하고 고객 관계 업무를 담당하는 서비

Received: November 12, 2018 / **Revised**: December 6, 2018 / **Accepted**: December 7, 2018
본 연구는 2018년 해양수산부 재원으로 해양수산과학기술진흥원의 지원을 받아 수행된 연구임(과제명 : 해양산업 활성화를 위한 해양치유 가능자원 발굴 및 실용화기반 연구).

*본 연구는 이성재, 이상아 두 명의 저자가 공동으로 제1저자로 기여하였음.
[1]고려대학교 의과대학 안산병원 정신건강의학과 *Department of Psychiatry, Korea University Medical Center, Ansan, Korea*
[2]고려대학교 의과대학 통합의학과 *Center for Integrative Medicine, Korea University School of Medicine, Seoul, Korea*
[3]성신여자대학교 운동재활복지학과 *Department of Exercise Rehabilitation Welfare, Sungshin Women's University, Seoul, Korea*
[4]고려대학교 의과대학 생리학교실 *Department of ????, Korea University School of Medicine, Seoul, Korea*
[5]가천대학교 보건과학대학 물리치료학과 *Department of Physical Therapy, College of Health Science, Gachon University, Incheon, Korea*
[6]국립재활원 정신건강의학과 *Department of Psychiatry, National Rehabilitation Center, Seoul, Korea*
Corresponding author: Jae-Hon Lee, Department of Psychiatry, National Rehabilitation Center, 58 Samgaksan-ro, Kangbuk-gu, Seoul 01022, Korea
Tel: 02) 901-1610, Fax: 02) 907-8155, E-mail: amomos@hanmail.net

정신신체의학 27(2) : 191-201, 2019
https://doi.org/10.22722/KJPM.2019.27.2.191

□ 원 저 □

ISSN 1225-6471

해양자원을 활용한 의미중심, 마음챙김기반의 집단스트레스중재프로그램이 중증장애환자 간병가족의 정서, 수면, 삶의질 및 인지기능 향상에 미치는 효과 : 예비연구

국립재활원 정신건강의학과,[1] 토론토 의과대학 정신건강의학교실,[2]
가천대학교 보건과학대학,[3] 극동대학교 상담심리치료학,[4]
성신여자대학교 운동재활복지학과,[5] 고려대학교 의과대학 통합의학교실[6]
유정아[1] · 이재헌[2] · 신선한[1] · 조휘영[3] · 유 미[4] · 신호진[3]
김성현[3] · 김효진[1] · 육영숙[5] · 이성재[6]

Effects of Meaning-Centered and Mindfulness-Based Stress Management Program with Using Marine Resources on the Improvement of Emotion, Sleep Quality, Quality of Life and Cognitive Function in Family Caregiver of Patients with Severe Physical Disability : Preliminary Study

Jeong-A Yu, M.A.,[1] Jae-Hon Lee, M.D., Ph.D.,[2] Sun-Han Shin, M.S.,[1] Hwi-Young Cho, Ph.D.,[3] Mee Yoo, Ph.D.,[4] Ho-Jin Shin, M.S.,[3] Sung-Hyeon Kim, M.S.,[3] Hyo-Jin Kim, M.A.,[1] Young-Sook Yook, Ph.D.,[5] Sung-Jae Lee, M.D., Ph.D.[6]

[1]*Department of Psychiatry, National Rehabilitation Center, Seoul, Korea*
[2]*Department of Psychiatry, University of Toronto, Toronto, Canada*
[3]*Department of Health Science, College of Health Science, Gachon University, Incheon, Korea*
[4]*Department of Counseling & Psychotherapy, Far East University Graduate School, Seoul, Korea*
[5]*Department of Exercise Rehabilitation Welfare, Sungshin Women's University, Seoul, Korea*
[6]*Center for Integrative Medicine, Korea University School of Medicine, Seoul, Korea*

ABSTRACT

Objectives : The purpose of this study was to investigate the effects of meaning centered and mindfulness-based stress management program with using marine resources on positive changes in mood, sleep, quality of life and cognitive function.

Methods : Nine family caregivers of patients with severe disability experienced meaning centered and mindfulness-based stress management program for four-days in marine areas near Uljin-gun, Gyeongsangbuk-do in South Korea. Subjective questionnaires and objective assessments were conducted and statistically analyzed to examine changes in mood, sleep, quality of life, and cognitive function before, after, and after 6 weeks of participation.

Results : After participating in the program, moods including depression improved significantly. This effect

Received: November 13, 2019 / **Revised:** December 16, 2019 / **Accepted:** December 17, 2019

Corresponding author: **Young-Sook Yook,** Department of Exercise Rehabilitation Welfare, Sungshin Women's University, 2 Bomun-ro 34da-gil, Seongbuk-gu, Seoul 02844, Korea
Tel : 02) 920-7931 · Fax : 02) 920-2198 · E-mail : yookys@daum.net
Corresponding author: **Sung-Jae Lee,** Center for Integrative Medicine, Korea Universitye School of Medicine, 73 Goryeodae-ro, Seongbuk-gu, Seoul, 02841, Korea
Tel : 02) 2286-1446 · Fax : 02) 2286-1445 · E-mail : lee3676@korea.ac.kr

한국스포츠심리학회지, 2010, 제21권, 제4호, 123~137
Korean Journal of Sport Psychology
2010, Vol. 21, No. 4, 123~137

감정을 표현하는 요가 프로그램이 여대생의 정서지능 및 자아탄력성에 미치는 효과*

육영숙(성신여자대학교)**

국문초록

본 연구는 감정을 표현하는 요가 프로그램이 여대생의 정서지능과 자아탄력성에 유의한 영향을 미치는지를 알아보고자 하였다. 감정을 표현하는 실험 요가집단(62명)은 프로그램 시작 전과 후에 자신의 느낌, 감정을 표현하게 하였으며, 비교집단(57명)으로 감정의 표현 없이 같은 내용의 요가프로그램을 진행하였고, 통제집단(57명)은 일반교양 이론수강생으로 하였다. 세 집단 모두 15주간 진행되었다. 분석방법은 t-검정과 공분산분석(ANCOVA), 그리고 scheffé를 이용한 사후검정을 실시하였고, 통계적 유의수준은 p<.05로 하였다. 연구결과, 감정을 표현하는 요가 프로그램은 정서지능요인 중 정서표현과 정서활용에서 유의한 차이가 있었으며, 일반 요가 프로그램은 감정이입과 정서조절에 유의한 차이가 있는 것으로 나타났다. 또한 감정을 표현하는 요가 프로그램은 자아탄력성의 자신감, 대인관계 효율성, 낙관적 태도 요인에서 일반 요가 프로그램, 통제집단과 유의한 차이가 있는 것으로 나타났다. 본 연구는 운동 또는 스포츠 상황에 정서를 언어로 표현함으로써 운동의 심리상담적 치료효과를 보다 더 높이고, 건강운동심리학이 새로운 연구와 현장직용에 도움을 줄 수 있는 시사점을 제공하고자 한다.

주요어 : 요가, 감정을 표현하는 요가, 정서지능, 자아탄력성

Ⅰ. 서 론

대학생은 발달단계상 정체감, 인생관 및 가치관이 확립되는 청년후기로, 자아정체감을 확립하는 과정에서 많은 방황과 혼란의 시간을 보내기도 한다. 즉 대학생들은 새로운 환경에의 적응, 확장된 인간관계, 변화하는 학업평가뿐 아니라 심각한 취업난 속에서 과거 중·고등학교 시절의 타율성과 현재의 자율성 사이의 과도기적인 문제를 가지고 있어 때로는 불안과 갈등을 겪는 시기에 있다. 특히 사춘기후반까지 정서와 관련된 두뇌영역의 성장이 이루어져 학령기의 정서능력은 평생의 정서성향의 틀을 결정하는 중요한 시기(최은실, 2009)

* 이 논문은 2009년도 성신여자대학교 학술조성비 지원에 의하여 연구되었음.
(This work was supported by the Sungshin Women's University Research Grant of 2009)
** yookys@sungshin.ac.kr

Pañcakośa,
Somatic Heal & Rehab Yoga
소매틱(신체심리) 치유 & 재활요가

초판 인쇄 2021년 8월 24일
초판 발행 2021년 8월 27일

저 자 유영숙
동작시연 정미혜(요가강사)
사진촬영 신나영(요가피플원장, 사진작가)
펴 낸 이 김재광
펴 낸 곳 솔과학
등 록 제10-140호 1997년 2월 22일
주 소 서울특별시 마포구 독막로 295번지 302호(염리동 삼부골든타워)
전 화 02-714-8655
팩 스 02-711-4656
E-mail solkwahak@hanmail.net

I S B N 979-11-87124-85-6 (93690)

값 20,000원